O Discurso Engenhoso

Coleção Debates
Dirigida por J. Guinsburg

Equipe de Realização: Tradução: Tereza de Araújo Penna; Produção: Plínio Martins Filho

antonio j. saraiva
O DISCURSO ENGENHOSO

Estudos sobre Vieira e outros autores barrocos

EDITORA PERSPECTIVA

Copyright © Editora Perspectiva, 1980.

Direitos reservados à
EDITORA PERSPECTIVA S.A.
Av. Brigadeiro Luís Antonio, 3025
01401 São Paulo Brasil
Telefone: 288-8388
1980

SUMÁRIO

1. As Quatro Fontes do Discurso Engenhoso nos Sermões do Padre Antônio Vieira 7
I. As Palavras 9
   A. *A preocupação com a palavra* 9
   B. *A palavra quanto ao significante* 11
   C. *A palavra quanto ao significado.* 23
   D. *As palavras e o discurso* 27
   E. *Conclusão* 30
II. As Imagens 31
   A. *O problema* 31
   B. *As imagens e as palavras* 33
   C. *A imagem e o conceito* 36
   D. *A substância da imagem* 42
   E. *A imagem e o discurso* 48
   F. *Conclusão* 52

III. As Proporções 53
   A. *O problema* 53
   B. *Formas de proporção* 56
   C. *Os termos da proporção* 58
   D. *A proporção e o discurso* 62
   E. *Conclusão* 69
IV. O Texto 71
   A. *O problema* 71
   B. *Comentário das palavras* 72
   C. *O comentário das coisas* 77
   D. *A retórica das coisas* 80
   E. *Equação entre as coisas e os textos* 84
   F. *Conclusão* 88

2. O Pregador, Deus e seu Povo na Bahia em 1640 Estudo do Sermão "Pela Vitória de Nossas Armas Contra as dos Holandeses" 91

3. O Discurso Engenhoso no Sermão da Sexagésima . . 113

4. O "Conceito" Segundo Baltasar Gracián e Matteo Peregrini ou Duas Concepções Seiscentistas do Discurso 125
I. Introdução 125
II. Pontos em Comum 127
   1. O assunto 127
   2. A definição de Agudeza 128
   3. Retórica e Agudeza 130
III. Coincidências Aparentes 131
   "Ingenio" e "Juicio" 131
IV. Diferenças Evidentes 134
   1. Fontes e exemplos 134
   2. A favor e contra a Agudeza 134
V. Oposições Profundas 136
   1. A Agudeza e o discurso 136
   2. O elo entre os dois "extremos" 138
   3. Teoria da palavra 141
VI. Conclusão 143

Nota Bibliográfica Sobre os Textos Publicados Neste Volume 147

1. AS QUATRO FONTES DO DISCURSO ENGENHOSO NOS SERMÕES DO PADRE ANTÔNIO VIEIRA

O meu propósito é estudar a tessitura do discurso engenhoso daquele que, unanimemente, é considerado o maior pregador do século XVII nesta parte da Europa que devemos chamar de barroca por oposição à Europa clássica.

> La novedad de los asuntos, la ingeniosidad de las pruebas, la delicadeza de los pensamientos, la oportunidad de los lugares, la viveza de la expresión, la rapidez de la eloquencia que reinan en los más de los sermones del Padre Antonio Vieira, quizá le merecen el epíteto, que le dan muchos, de "monstruo de los ingenios y príncipe de nuestros oradores"[1].

O Pe. Isla, grande conhecedor da eloqüência sacra, expressa com estas palavras uma opinião corrente, que aceitava apesar das "luzes" que, já então, iluminam o seu *Fray Gerundio*.

---

1. Pe. Isla, *História del famoso predicador Fray Gerundio de Campazas*, ed. 1770, I, p. 260.

A palavra "engenhoso" me parece muito própria para indicar o gênero de discurso de que tratarei aqui. No sentido em que a emprego, é uma palavra muito freqüente no século XVII em Portugal, na Espanha e na Itália. O Pe. Bouhours, um dos teóricos do discurso "clássico", a usou, a seu modo, para caracterizar especialmente a maneira de expressão que condenava nos italianos e espanhóis, chamados, hoje, por nós, de "barrocos"[2]. Poderia eu também escolher a palavra "agudo" que se encontra, ao lado de "engenhoso", no título do célebre trabalho de Gracián. Mas "agudo" e "agudeza" parecem-me convir melhor aos resultados que os processos "engenhosos" procuram obter. Todo discurso "engenhoso" se ordena em função de uma "agudeza", que ele prepara e serve. A palavra "barroco", que também poderia ser usada, engloba um conjunto de atitudes e processos que ultrapassam largamente o campo semântico de "engenhoso". E o que eu desejaria demonstrar, sobretudo, é que o essencial do barroco, no que se refere à literatura, reside justamente no "discurso engenhoso".

Refiro-me a "discurso" e não a "estilo". Desde a publicação do *Discurso do Método,* que é o manifesto da Europa clássica, há uma tendência em confundir discurso com raciocínio[3]. Mas "discurso" quer dizer, antes de mais nada, encadeamento e desenvolvimento. Vieira nos fala do "discurso do tempo", muito mais seguro que o da razão[4]. A ordem do discurso não é forçosamente uma ordem lógica. As únicas regras a que a palavra não pode fugir são as da gramática. No discurso clássico, parece haver a obrigação de subordinar a gramática à lógica e dar um sentido preciso às palavras. Este problema, no entanto, não se apresentou sempre da mesma maneira e gostaria de mostrar que, neste ponto, há uma diferença de natureza entre discurso clássico e discurso engenhoso.

O estilo é uma maneira, e só se torna essência se considerarmos a personalidade do escritor. Revela, em geral, uma maneira

---

2. Procurei definir essas duas concepções de discurso "o clássico" e o "barroco", em outro estudo: *Baltasar Gracián et Matteo Peregrini*, editado neste volume à pág. 125.
3. Minha concepção de discurso clássico coincide com a concepção definida por Michel Foucault, *Les Mots et les Choses*. Observemos que já no século XV, em Portugal, "razoar" (palavra derivada de "razão") sigficava "falar", e "razoamento" significava "discurso", no sentido mais comum.
4. *Sermões,* ed. Pe. Gonçalo Alves, Lello e Irmão, Porto, 1959, II, p. 135. Mas Vieira emprega também freqüentemente "discurso" no sentido de "raciocínio". Remeteremos doravante ao tomo e à página sem outra indicação.

pessoal de utilizar os recursos da retórica. O nosso problema está fora do campo da retórica, mesmo que tenhamos de recorrer ao saber dos retóricos.

I. AS PALAVRAS

A. *A preocupação com a palavra*

Todo leitor de Vieira admira o brilho, a perspicácia da escolha, a tensão que sabe dar às palavras, quase a cada palavra. Não há nele palavras átonas, indiferentes, languescentes. Cada uma parece ocupar o lugar que lhe é próprio, como em estado de alerta. É o que constitui a famosa "propriedade" deste escritor, de que o exemplo seguinte nos dá uma idéia:

> Arranca o estatuário uma pedra dessas montanhas, tosca, bruta, dura, informe; e depois que desbastou o mais grosso, toma o maço e o cinzel na mão e começa a formar um homem, primeiro membro a membro, e depois feição por feição, até a mais miúda. Ondeia-lhe os cabelos, alisa-lhe a testa, rasga-lhe os olhos, afila-lhe o nariz, abre-lhe a boca, avulta-lhe as faces, torneia-lhe o pescoço, estende-lhe os braços, espalma--lhe as mãos, divide-lhe os dedos, lança-lhe os vestidos. Aqui desprega, ali arruga, acolá recama. E fica um homem perfeito, e talvez um santo que se pode pôr no altar[5].

Neste curto trecho de nove linhas, encontramos pelo menos catorze verbos diferentes para designar os movimentos que o escultor executa com as mãos e o cinzel. Nenhum deles é repetido, nem substituível; cada um parece ocupar justamente o lugar que lhe convém e possui uma presença marcante.

Aí temos, sem dúvida, o produto de poderoso temperamento artístico, tanto quanto a expressão do saber de alguém muito atento ao sentido e ao valor das palavras: o conhecimento de um lexicólogo. E, de fato, muitas vezes verificamos que o nosso pregador se detém para explicar uma palavra, analisar-lhe a riqueza, enumerar-lhe sinônimos, admirar-lhe a "energia" ou corrigir-lhe a imprecisão.

Ei-lo que se extasia diante da riqueza da palavra latina *infatuare:*

> Nunca a nossa língua me pareceu pobre de palavras senão neste texto. Enfatuar significa fazer imprudente, fazer ignorante, fazer néscio, e ainda significa mais[6].

5. V, 424.   6. IV, 225.

Compraz-se em relacionar a série de sinônimos de uma palavra. "Sugerir", lembra ele à Rainha Maria Francisca, significa "lembrar, advertir, inspirar, aconselhar, conferir, persuadir, despertar, instar"[7]. Compraz-se também em contrapor palavras semanticamente aparentadas como *sanare* (port. sarar) e *curare*, indicando, a primeira, cura sem ajuda de médico e de medicamentos[8]. E, apoiando-se na análise semântica, chega mesmo a propor palavras novas: em relação a "inimigo" (lat. *inimicus*, inimigo interno), "hoste" (lat. *hostis*, inimigo externo)[9], ao lado de "pátria" (pátria espiritual), "mátria" (pátria natural)[10].

Vieira faz também amplo uso da etimologia. Reproduz, muitas vezes, explicações etimológicas dadas por Varrão ou Isidoro de Sevilha, que ele cita como fontes valiosas nesse gênero de conhecimento[11], e também por Sto. Agostinho, São Jerônimo e outros. Mas, muitas vezes, torna-se etimólogo por conta própria. Afirma, por exemplo, que "calamidade" vem de *calamus* (pena de escrever), "entrudo", de *introitus*[12]. Surpreendemo-nos ao descobrir que, segundo Varrão, *latrones*, "ladrões", vem de *laterones*, os que se encontravam ao lado, *a latere*, do rei[13], e que *satrapa*, que Vieira traduz como "governador colonial", é composto, segundo Nicolau de Lira, de *sat*, muito, e de *rapere*, roubar[14].

Grande parte das explicações etimológicas de Vieira decorrem evidentemente do processo que chamamos etimologia popular. Apesar disso, são ainda uma prova da atenção que, como bom lexicólogo, dispensa às palavras. Na nossa concepção de linguagem, esta atitude deveria levar à maior precisão possível do vocabulário, precisão que é a regra de ouro do discurso clássico. Para nós, de fato — pelo menos na medida em que achamos que o discurso clássico tem sempre valor — a palavra deve ser a união de um corpo fônico ou gráfico e de um sentido; ou empregando uma terminologia já usual, de um significante e de um significado. Se determinado corpo fônico ou gráfico tem mais de um sentido (o que a gramática tradicional denominava, empiricamente, homofonia ou homografia), consideramos que constitui então várias palavras. A correspondência entre palavra e sentido é biunívoca. Esta regra, evidentemente, não corresponde

---

7. XIV, 392.   8. VIII, 404.
9. II, 354. Vieira segue, aliás, uma tendência da língua: o aproveitamento de palavras latinas é, até hoje, uma possibilidade utilizada pelos portugueses.
10. X, 256.   11. VII, 85.
12. III, 197; II, 140.   13. V, 72.
14. V, 72.

à prática corrente da linguagem, e menos ainda à que encontramos nos gêneros altamente artísticos, como a poesia; mas nem por isso deixa de ser o ideal do discurso clássico e todo uso que por ela não se molda pode ser considerado como um desvio. E quando vemos Vieira preocupado com o sentido das palavras, atento a distinguir sutilezas, a procurar etimologias, só podemos achar que é levado pela preocupação de estabelecer para cada palavra o sentido que lhe corresponde exatamente, evitando a ambigüidade e a polivalência, que, mais ou menos ironicamente, desafiam, na linguagem real, os esforços dos espíritos amantes da lógica e da clareza.

E no entanto, é justamente o contrário. As pesquisas lexicológicas de Vieira não têm por finalidade estreitar o vínculo que une o significante ao significado, restringir o sistema biunívoco que constitui a palavra, mas rompê-lo pela destruição da unidade significante. Por razões que se tornarão claras no decorrer desta exposição, somos obrigados, de início, a separar os dois aspectos da palavra, o significante e o significado; a própria matéria nos obriga a isso.

B. A palavra quanto ao significante

Acontece que muitas vezes Vieira, no decorrer de suas pesquisas lexicológicas, se detenha nas propriedades visíveis e audíveis de uma palavra. A palavra latina *Non*, que retira do texto de S. Mateus *Non est meum dare vobis*..., tem a propriedade de poder ser lida tanto da esquerda para a direita como da direita para a esquerda:

> Terrível palavra é um *Non*. Não tem direito nem avesso: por qualquer lado que o tomeis, sempre soa e diz o mesmo. Lede-o do princípio para o fim ou do fim para o princípio, sempre é *Non*. Quando a vara de Moisés se converteu naquela serpente tão feroz que fugia dela porque o não mordesse, disse-lhe Deus que a tomasse ao revés, e logo perdeu a figura, a ferocidade e a peçonha. O *Non* não é assim: por qualquer lado que o tomeis, sempre morde, sempre fere, sempre leva o veneno consigo[15].

O corpo da palavra *Non* tem ainda uma outra propriedade, evocada mais adiante no mesmo sermão: é muito breve, o que também quer dizer alguma coisa.

Se é dura palavra um Não, mais duras são as boas palavras que

---

15. III, 278.

suspendem e encobrem o mesmo Não, até que o descobre o efeito. Quem fez Não tão breve não quis que se dilatasse[16].

As propriedades materiais da palavra têm, portanto, um sentido. No exemplo apresentado, trata-se das propriedades espaciais do corpo fônico ou gráfico considerado em si mesmo. Mas podem também referir-se a semelhanças entre este corpo e figuras que lhe são exteriores. Exemplo muito curioso temos no sermão dedicado a Nossa Senhora do Ó que, em Portugal, na Espanha e no Brasil, é objeto de um culto muito difundido. Vieira demora-se no sentido desta palavra minúscula, Ó. Salienta primeiro que Ó é o círculo, isto é, a figura geométrica mais perfeita e a própria forma do universo, que, para ele como para a maioria dos seus contemporâneos, era um sistema de esferas concêntricas. É também o símbolo de Deus, como o expressou Dionísio, o Areopagita[17]. A imensidade de Deus pode definir-se como um círculo cujo centro está em toda parte e a circunferência em parte alguma[18]. Mas, além disso, o círculo é o ventre da Virgem Maria onde Deus foi concebido e permaneceu até o nascimento. Ó é pois um círculo mais que imenso, "imensíssimo", capaz de conter a imensidade de Deus. Referindo-se a isso, Vieira define, de modo especial, a concepção matemática do infinito para mostrar que há sempre um infinito maior que outro. Além do mais, a Senhora do Ó é a Senhora da Expectação do Parto. Esta espera foi uma eternidade, pois, a cada instante, a Virgem exprimia por um "Ó" o desejo de ver o Menino Deus ("Ó meu Deus, quando vos verei?") e, por outro lado, os egípcios e caldeus simbolizavam a eternidade por um Ó.

A eternidade e o desejo são duas coisas tão parecidas que ambas se retratam com a mesma figura. Os egípcios, nos seus hieróglifos, e antes deles os caldeus, para representar a eternidade pintaram um O, porque a figura circular não tem princípio nem fim, e isto é ser eterno. O desejo ainda teve maior pintor. Todos os que desejam, se o afeto rompeu o silêncio do coração e passou à boca, o que pronunciam naturalmente é Ó[19].

E se quisermos saber como os OO da Virgem multiplicavam infinitamente o tempo, lembremo-nos da função do algarismo 0

---

16. III, 282. A palavra "dilatar" tem aqui um duplo sentido: "prolongar" ou "aumentar" (a palavra ela mesma) e "diferir a decisão de um negócio".

17. X, 203.

18. Esta definição célebre, que se atribui habitualmente a Pascal, é na verdade da Idade Média. Vieira cita-a em latim sem lhe atribuir a origem.

19. X, 213.

que, acrescentado sucessivamente a um número, o faz crescer em progressão geométrica. A própria Natureza nos dá uma imagem disso através dos círculos concêntricos e progressivamente mais amplos que aparecem na água quando se joga uma pedra[20].

Assim, unicamente pela sua forma gráfica e fônica, a palavra *O*, de que no início sabíamos apenas que se referia à Virgem, se reveste de muitos sentidos: é Deus, a imensidade, o ventre materno, o zero, a eternidade, o círculo na água, a expressão do desejo. Um significante vazio torna-se o ponto de encontro de uma série de significados.

Decompondo a palavra em suas partes, as possibilidades deste processo se multiplicam quase infinitamente. É o que Vieira, inspirando-se num texto de Filão de Alexandria, que foi provavelmente um dos seus mestres nesse gênero de interpretação, chama "fazer anatomia da palavra"[21]. Trata-se de explicar o nome de Maria:

> Passando, pois, a fazer esta exata anatomia, membro por membro e parte por parte, que vem a ser examinar o significado e mistérios do mesmo nome letra por letra, vejamos em cada uma por si o que significam as letras do nome de Maria[22].

Salientara antes que "Maria" tem cinco letras como "Jesus" e que este último nome corresponde às cinco pedras da funda de Davi. Refere, em seguida, os significados que os comentadores precedentes tinham atribuído às letras em questão. Santo Antonino, especialmente, propusera esta lista: M, *Mater universorum*; A, *Arca thesaurum*; R, *Regina caelorum*; I, *Iaculum inimicorum*; A, *Advocata peccatorum*[23]. Mas ele, Vieira, multiplica pelo menos por dez os epítetos começados por cada uma das cinco letras. Acrescenta os significados que se podem tirar da correspondência entre o nome de Jesus e o de Maria. A primeira das cinco pedras de Davi, a que bastou para matar Golias, era marcada com a letra *J*. Também a letra *M* basta para pôr o diabo fora de combate. É o que demonstra a estória de uma jovem que se

---

20. X, 218.

21. X, 86. Esta procura do sentido das letras faz-nos naturalmente pensar nos cabalistas. Não nos cabe aqui estudar a sua influência em Vieira, que só os cita através de interposta fonte cristã. Em outro trecho dos *Sermões*, VII, 426, uma opinião dos cabalistas é resumida segundo o Pe. Cornélio a Lápide, jesuíta do século XVII, um de seus mestres em exegese bíblica, sem ter sido ele mesmo um cabalista. Este gênero de explicação da palavra sagrada pela significação das letras encontra-se também em numerosos autores cristãos, cuja origem mais remota é provavelmente Filão de Alexandria.

22. X, 86.   23. X, 79.

deixara seduzir pelo diabo. Chamava-se Maria. O sedutor lhe pediu que mudasse de nome. Escolheu o de Eme, para não perder a inicial de Maria, e este M ou Eme lhe bastou para, no fim de seis anos, libertar-se do domínio infernal: apenas ela o pronunciou, o diabo fugiu. E, coisa mais maravilhosa ainda:

> Era o dia da Santíssima Trindade quando sucedeu esta vitória, e com grande mistério, porque o melhor hieroglífico da mesma Trindade é o M, uno e trino. O cetro com que ostenta o seu poder e se arma o mesmo demônio quando aparece visível é o seu tridente de fogo. O M, entre todas as letras, é também tridente, e competindo o tridente do nome de Maria com o tridente infernal do demônio, bem viu e experimentou ele, nesta primeira letra do mesmo nome, com quanta razão se temia do todo[24].

Ao sentido místico que o M tem em virtude de sua correspondência com o J de Jesus, acrescentam-se dois outros, que decorrem de sua configuração escrita. É um caso semelhante ao do *O* e ao do *Non*, que já conhecemos.

O nome de Maria, criado por Deus desde toda a eternidade, sugere, pela sua própria natureza, este gênero de explicações. Mas Vieira também o faz em relação a nomes profanos. Por exemplo, o M inicial de Maranhão inicia uma série de verbos que designam os vícios dos portugueses dessa região, todos relacionados com a língua: "*m*urmurar, *m*otejar, *m*aldizer, *m*alsinar, *m*exericar, e sobretudo *m*entir"[25]. E para descrever o estado selvagem em que vivem os índios da Amazônia, Vieira ressalta que a língua deles não possui as letras F, L e R, porque não têm nem *f*é, nem *l*ei, nem *r*ei[26].

O processo da "anatomia da palavra" permite, como se vê, justapor a uma parte da palavra significados que a palavra inteira não tem. É uma maneira mais ousada de quebrar a unidade significante. O que fica no lugar da palavra é um ser, se assim se pode dizer, mutável e imprevisível, sempre se metamorfoseando, se desestruturando e se reestruturando. Não apenas as partes das palavras podem ser tomadas isoladamente, mas elas mudam de lugar e de vizinhos e nos surpreendemos em reencontrá-las em contextos semânticos imprevistos, e mesmo em línguas diferentes.

"Adão" é uma das palavras que deram pretexto às especulações etimológicas de comentadores. Suas quatro letras, segundo Santo Agostinho, e, antes dele, São Justino, significam as quatro partes do mundo, pois "no texto grego", são as iniciais das palavras que designam os quatro pontos do horizonte[27]. Voltaremos

---

24. X, 98.
26. II, 28.
25. IV, 156.
27. X, 426.

a este gênero de etimologias. O que é mais imprevisto, porém, é encontrar a palavra portuguesa "ladrão" associada ao nome do primeiro homem, ao mesmo tempo que a palavra "furto" à do "fruto" proibido:

> Faltavam-lhe poucas letras a Adão para ladrão, e ao fruto, para o furto, não lhe faltava nenhuma[28].

Este gênero de aproximação entre palavras de letras iguais pode ir longe. A palavra *Ego* é usada num texto de São João Evangelista: *Ego vado et quaeritis me...* A palavra *Vae* se encontra num trecho do *Apocalipse: Et vidi et audivi vocem unius aquilae volantis per medium caeli dicentis* [...] *Vae, Vae, Vae!*

> Ao primeiro *Vae* da águia responde a primeira cláusula da sentença de Cristo [...]: *Ego vado*. Oh que terrível ameaça, oh que lastimosa despedida! [...] Ai deles quando eu me apartar deles!

Cristo vai nos abandonar — infelizmente! O mais surpreendente, porém, é que o contraste entre a presença de Deus — *Ego* — e sua ausência — *Vae* — é visível nas palavras, pois *Vae* é *Ego* invertido.

> Só quem pudesse compreender aquele *Ego* entenderia bastantemente o que encerra este *Vae*. O *Vae* é o *Eu* trocado, e assim como o *Eu* significa o sumo bem, assim o *Vae* é uma suma abreviada de todos os males[29].

Para entender este trecho é preciso lembrar que *Eu* é a forma portuguesa de *Ego*; que, no tempo de Vieira, empregava-se o V tipográfico em vez do U; por outro lado, nas aulas de latim, aprendia-se a ler *ae* como *é*, de tal maneira que o *Ego* torna-se EV e o *Vae* VE.

Sabe-se que este processo não foi inventado por Vieira. Os comentadores da Idade Média, e mesmo os do século XVII, viam no *Ave* com que o Anjo Gabriel saudou a Virgem a inversão de *Eva*, nome da primeira pecadora, sem darem importância ao fato de *Ave* ser latim e *Eva* hebraico[30]. Vieira, porém, não se limita a aceitar uma herança valiosa; consegue fazer despontar na velha árvore novos galhos e novas flores.

O que é verdade para a parte mais elementar da palavra, que, segundo Vieira, é a letra, o é também, evidentemente, para as

---

28. V, 67.   29. III, 93.
30. Naturalmente esta oposição Eva-Ave não falta em Vieira, mas alude a ela, como a um fato bem conhecido sem se deter especialmente: cf. X, 214.

partes mais complexas como a sílaba e o conjunto de sílabas. Assim, no Maranhão, onde todos mentem e onde se sabe, pela experiência dos pilotos, que os astrolábios se enganam muitas vezes, "os lábios são como o astrolábio"[31]. E a propósito de um texto do *Livro dos Reis* onde se lê que o olhar de Deus penetra nos corações, enquanto o homem vê apenas as aparências, encontramos esta observação:

> Para os olhos dos homens, fez Deus as cores, e para os seus, os corações[32]!

Por vezes uma palavra aparece como eco de outra, conforme um processo usado por alguns poetas do século XVI, o que possibilita acrescentar novos significados a determinadas palavras:

> Os mesmos ecos de uns nomes tão grandes de Portugal estão dizendo onde se hão de pôr. Um conde, onde? Onde obre proezas dignas dos seus antepassados; onde dispenda liberalmente o seu [...]; onde peleje, onde defenda, onde vença, onde conquiste, etc.[33].

Passemos agora a um outro processo de destruição da palavra: a etimologia. Aparentemente é um instrumento que serve para tornar preciso o sentido e determinar o limite de um signo. Na realidade, é usada por Vieira para possibilitar todas as espécies de significações novas.

O próprio conceito de etimologia nos parece em Vieira bastante impreciso. Procura na palavra uma raiz à qual atribui um ou vários sentidos, não importa em que língua. Essas novas significações ajudam a "interpretar" a palavra em questão. Ele próprio descreve este processo a respeito da "interpretação" do nome de Maria:

> A língua hebréia, a caldaica, a siríaca, a arábica, a latina, todas conspiram no derivar de diversas raízes e origens, por onde não é só uma, mas muitas as etimologias deste profundíssimo e fecundíssimo nome, e o mesmo nome, segundo a propriedade de suas significações, não só um, mas muitos nomes[34].

Vieira limita-se neste texto a repetir a doutrina dos mestres da exegese medieval. O nome de Maria fora criado diretamente por Deus[35], o que faz que o seu aspecto gráfico e fônico deva

---

31. IV, 158.
33. III, 190.
35. X, 69.

32. IV, 80.
34. X, 79.

ter sentido em qualquer língua. A coincidência com o latim *maria*, plural de *mare*, não é fruto do acaso: *Congregationes aquarum appellavit [Deus] maria; congregationes gratiarum appellavit Mariam*[36]. Mas Adão também é um nome imposto por Deus, o que justifica a interpretação que lhe dão Santo Agostinho e São Justino, baseada, como vimos, no vocabulário grego. E, fato capital, a tradição desta interpretação "etimológica" tem suas raízes na própria Bíblia. O *Gênese*, XVII, 5, conta-nos que Deus, ao transformar o nome de Abrão em Abrahão, justificou a nova apelação pelo fato de que o seu protegido seria o pai de numerosas nações. E Vieira parafraseia este texto acrescentando-lhe algo de pessoal:

> Quis Deus acrescentar o nome de Abrão e a significação dele, que era grande, e que fez? Tirou uma letra ao seu nome e acrescentou-a ao nome de Abrão [...]. Este foi o acrescentamento do nome. E o do significado foi tal que, declarando-o o mesmo Deus, disse: *Faciam te crescere vehementissime*[37].

Se acharmos que o texto bíblico foi inspirado por Deus, escrito ou falado diretamente por Ele, compreendemos imediatamente por que a etimologia dos exegetas cristãos, que tinham como objetivo único interpretar a palavra de Deus, é uma ciência do sagrado.

> Uma das maiores excelências das Escrituras divinas é não haver nelas nem palavra, nem sílaba, nem ainda uma letra que seja supérflua ou careça de mistério[38].

A etimologia é apenas um dos meios que permitem desvendar este "mistério", isto é, o sentido profundo e oculto das palavras de Deus.

Já conhecemos o método que consiste em isolar uma parte da palavra atribuindo-lhe um sentido. Não é aplicado somente ao nome, sagrado entre todos, de Maria. Uma personagem muito mais humilde, o evangelista São Lucas, merece igual tratamento. Quando se dirige aos gregos, São Paulo o chama de Lucas e quando fala aos romanos, de Lucius. A terminação muda conforme as línguas, mas a primeira parte da palavra permanece intata, pois o Apóstolo

> no princípio dos mesmos nomes nenhuma cousa alterou da sua natural

---

36. X, 93. Vieira cita Sto. Antonino, 4ª parte, tit. 15, cap. 4. A mesma etimologia foi dada por São Boaventura e Santo Alberto Magno.
37. X, 82. A letra *h* acrescentada a "Abrão" foi tirada de "Iahveh".
38. X, 204.

semelhança, porque em ambos seguiu a propriedade da derivação, na qual, assim Lucas como Lucius, um e outro nome se deriva de Luz[39].

"Derivação" que parece vir de São Jerônimo, que entrevia São Lucas numa personagem do *Apocalipse*, cujo rosto resplandecia como o sol: *Beatus Lucas, de quo dici potest: Facies ejus sicut sol lucet in virtute sua*[40].

Outro método consiste em traduzir os nomes próprios bíblicos que julgava corresponder em latim a epítetos. São Jerônimo já organizara uma lista dessas correspondências, resumida em parte por Isidoro de Sevilha[41]. Adão significa *ruber*, porque era dessa cor a terra de que fora feito[42]; Bethlém, *domus panis*, casa do pão[43]; Emanuel, nome pelo qual Isaías designou o Messias em sua famosa profecia, *nobiscum Deus*, Deus conosco, o que dá margem a que Vieira interprete o texto do Profeta *Et vocabitur nomen ejus Emmanuel:*

Na língua hebraica, assim como os nomes se chamam palavras, *verba*, assim o chamar-se significa *ser*, e isso quer dizer *vocabitur* (...) Emanuel quer dizer *nobiscum Deus*, e isto é o que anunciou e prometeu Isaías[44].

E não é só isso. Vieira faz sua, traduzindo-a e comentando-a, uma observação de São João Crisóstomo a respeito de nomes presentes no capítulo I de São Mateus:

Todos aqueles nomes foram escritos neste Evangelho com grande causa e grande mistério, mas qual seja a causa e qual o mistério, só o sabem aqueles que o escreveram e Deus, por cuja providência foram mandados escrever. Nós os interpretamos conforme o que podemos entender. Isto diz São João Crisóstomo, e o mesmo dizem Santo Anselmo e outros Padres. De maneira que cada nome deste Evangelho tem duas significações, uma historial e outra mística[45].

Assim, além dos significados que decorrem da tradução em latim, os nomes bíblicos têm ainda outras significações. A interpretação alegórica e a etimológica misturam as suas águas. Isaac, nós o sabemos pela interpretação de São Jerônimo, significa, no plano literal, o "riso". Mas que sentido tem no episódio bíblico em que Deus ordena a Abraão que o sacrifique? Vieira, que estava condenando os prazeres romanos do carnaval, limita-se a repetir a interpretação alegórica de São Bernardo:

39. VIII, 414.
40. VIII, 415.
41. Cf. Isidoro, *Etymologiae*, lib. I, cap. 7.
42. II, 178.
43. I, 280.
44. IV, 412.
45. X, 50.

Dicitur tibi ut immoles Isaac tuum, Isaac enim interpretatur risus.
Sabeis, diz Bernardo, o que Deus manda que lhe sacrifiquemos quando manda sacrificar Isaac? Manda que lhe sacrifiquemos o riso[46].

É desnecessário explicar como, pela técnica da etimologia sagrada, quer se trate do método da análise das partes da palavra ou da tradução dos nomes bíblicos, podem-se multiplicar os significados. Pode-se, porém, aplicar este método às palavras não sagradas? É interessante observar a este respeito que Vieira estabelece uma diferença entre os nomes impostos por Deus, os impostos por Adão antes do pecado e os impostos pelo mesmo Adão depois do pecado. Quanto aos primeiros, o sentido e a essência da coisa são criados pela própria palavra de Deus. Nomear e criar é uma única e mesma coisa:

Quando Deus dá o nome, é tal a eficácia da palavra e nomeação divina que pelo mesmo nome fica Deus obrigado a dar também o significado e a essência[47].

Em relação aos nomes impostos por Adão antes do pecado, são os que convêm melhor à essência das coisas:

A razão é porque a ciência com que Adão no paraíso conheceu as essências dos animais e lhe pôde dar os nomes proporcionados e próprios, não era como a que hoje têm os homens, natural e imperfeita, senão outra muito mais alta, sobrenatural e infusa, de que ele e seus descendentes ficaram privados pela culpa.

Foi, de fato, depois do pecado de Adão que os homens, caídos na ignorância, se tornaram incapazes de designar as coisas pelos nomes que as definem:

E este é o defeito por que os nomes que hoje põem os homens ou são contrários ou impróprios e muito alheios do que querem significar[48].

O primeiro exemplo de impropriedade dos nomes impostos pelos homens é o de Eva, que significa, segundo o próprio Adão, a "mãe de todos os viventes" apesar de ter ela introduzido a morte no mundo[49].

Isto são, apenas, pontos de vista meramente teóricos. Na prática, o processo etimológico da multiplicação dos sentidos é

46. VI, 61.
47. X, 76.
48. X, 77.
49. *Ibid*. Notemos, de passagem, que Isidoro de Sevilha, *op. cit.*, lib. VII, cap. 6, n5, apresenta as duas etimologias contraditórias: *Eva interpretatur Vita, sive Calamitas, sive Vae. Vita, quia origo fuit nascendi; Calamitas et Vae, quia per praevaricationem causa exstitit moriendi. A cadendo enim nomen sumpsit Calamitas.*

aplicado tanto aos nomes sagrados quanto aos profanos. O exemplo vinha, aliás, de longe e de cima. Vieira retoma a exprobração de São Jerônimo convidando Roma a honrar o próprio nome que significa, em grego, "a poderosa" e, em hebraico, "a excelsa"[50]. Vamos dar duas amostras, cada uma em seu gênero.

A primeira é a análise etimológica que Vieira faz dos nomes pelos quais são designados os portugueses. Um deles é *Tubales*, ou descendentes de Tubal, filho de Noé, o primeiro que povoou o país. Tubal significa "mundo". Os portugueses são, por conseguinte, os *Mundanos*, aqueles cuja pátria é o mundo inteiro. Mas, por outro lado, são também chamados *Luzitanos*, de Luzitânia, o que quer dizer que são a luz do mundo. Estas duas denominações definem exatamente a vocação dos portugueses: espalharem-se pelo mundo para levar aos infiéis a luz do Evangelho[51].

O segundo exemplo corresponde à interpretação do nome no seu conteúdo literal e alegórico. O combate de Davi e Golias configura a guerra entre Portugal e Espanha.

> Sai a desafio Davi com o gigante, mete a pedra na funda (porque para a pedra e para Pedro estava guardada a vitória) ...[52]

Conhece-se o famoso trecho no qual Cristo declara que Pedro será a pedra fundamental da Igreja. No texto de Vieira, a pedra que Davi jogou na cabeça de Golias é uma imagem da vitória da Igreja designada pela pedra e pelo apóstolo Pedro. Mas Pedro é também o nome do príncipe em cujo reinado acabou a guerra com a Espanha pelo reconhecimento da independência de Portugal. Pelos processos combinados da etimologia sagrada (Pedro-pedra) e da alegoria (pedra de Davi — pedra da Igreja), o nome do príncipe adquire um sentido profético e torna-se em si mesmo uma prova da legitimidade e da razão providencial da vitória dos Portugueses.

Depois da configuração, da anatomia e da etimologia da palavra, cumpre-nos considerar um outro processo de multiplicação dos significados: consiste em tomar como única palavra um corpo fônico e/ou gráfico com vários sentidos. Chamamos de polissêmicas as palavras desta espécie. A gramática e os dicionários reconhecem a existência da polissemia, mas a lin-

---

50. VI, 63.
51. VII, 64. Não é necessário dizer que a chegada de Tubal a Portugal é uma piedosa invenção de Bernardo de Brito. Em relação a "Luzitanos", a ortografia — *z* em vez de *s* — está adaptada à etimologia.
52. XIV, 363.

güística o nega, na medida em que define a palavra como um signo, união de *um* significante e de *um* significado. Se uma das partes do signo muda, o próprio signo torna-se outro. Uma palavra que tenha dois sentidos ou significados não é uma, mas duas palavras.

A polissemia é um fato inevitável da linguagem, mas o discurso clássico a julga como uma impureza empírica, cujos prejuízos procura atenuar. Mas para o discurso engenhoso, tal como o encontramos em Vieira, é, pelo contrário, uma estrada real, um processo legítimo explorado de maneira sistemática. O fato de muitas idéias, sem nenhuma relação entre si, serem expressas por uma mesma palavra permite estabelecer entre elas laços que, por não serem lógicos, não deixam, por isso, de ser substanciais[53].

Devemos distinguir dois casos: aquele em que os sentidos da palavra são etimologicamente aparentados (um derivado do outro por metáfora ou extensão) e aquele em que, sob a aparência de uma mesma forma, se ocultam duas palavras de origens diferentes, o que os gramáticos chamam de palavras homógrafas de pronúncia igual. Num único exemplo, vemos Vieira aproveitar-se de ambos os processos.

Comentando o episódio da cura do cego segundo o evangelista João, cap. IX, Vieira censura os Fariseus incrédulos e irritados que apontavam aquele homem como um pecador: *Nos scimus quia hic homo peccator est.*

Nos scimus. Aquele *Nos* tão presumido e tantas vezes inculcado nesta demanda era todo o fundamento da sua censura: *Nós o dizemos, e tudo mais é ignorância e erro. Nós:* como se não houvera nós cegos[54].

"Nós" é pronome pessoal e também o plural de "nó", latim *nodus*. A expressão "nós cegos" designa "nós difíceis de desatar". Contrapondo as duas formas "nós" (pronome) e "nós" (substantivo), Vieira torna sensível, evidente, a vaidade de uma palavra que alguns pronunciam enfatuadamente, em tom magistral. O "nós" dos Fariseus é reduzido a uma ridícula insignificância. Não vale mais que os nós cegos de um cordel. Por outro lado, no contexto, "cegos" tem três sentidos: um, que se refere aos nós do cordel, o que é provavelmente uma antiga metáfora da língua; outro, metafórico, que se refere aos fariseus, espíritos cegos aos ensinamentos de Cristo; e ainda um outro, físico, rela-

---

53. A polissemia é um fato de linguagem de que se aproveita tanto a literatura erudita como a popular. O que demonstra também a dificuldade de definir o conceito de "palavra" e também como a linguagem é, em grande parte, irredutível a uma tradução lógica.

54. IV, 115.

tivo aos olhos corpóreos da personagem principal da narrativa, em contraste com o seu espírito aberto à luz da Fé. Salientemos ainda, para realçar a sutileza desta "agudeza", que o segundo "nós" tem ao mesmo tempo dois sentidos: é tanto "nós" (pronome) como "nós" (substantivo), o que faz com que "cegos" seja simultaneamente uma qualidade dos nós e um atributo dos fariseus da narrativa.

Os nomes próprios não escapam a esta manipulação. Há um instrumento de música que em português se chama "rabeca". Ora Rebeca é o nome da mãe de Esaú e Jacó. Daí o jogo de palavras:

> Quantas vezes rende mais a Jacó a sua rabeca que a Esaú o seu arco[55].

"Arco" é ao mesmo tempo o instrumento de guerra e caça e a vareta dos instrumentos musicais de corda. Vieira diverte-se evidentemente com esta pirueta. Mas outros trechos nos mostram que o processo é para ele muito mais que um divertimento. Basta lembrar o admirável sermão sobre o tema *Coelum et terra transibunt, verba autem mea non transibunt*[56], em que tira proveito dos diversos sentidos da palavra "passar" (*transire*). Vemo-lo também no trecho abaixo, jogando com os diferentes sentidos do verbo "cair":

> O apetite os [Adão e Eva] cegou, e a *caída* lhes abriu os olhos. Que filho há de Adão que não seja cego? e que cego que não *tenha caído* uma e muitas vezes? E que não bastem tantas *caídas e recaídas* para conhecermos a nossa cegueira! Se *caís* em tantos tropeços quantas são as vaidades e loucuras do mundo, porque não acabais de *cair* em que sois cego, e porque não buscais quem vos levante e guie[57]?

Temos acima três sentidos da palavra "cair": o sentido próprio, *cair;* o sentido metafórico, "cair em pecado" e um terceiro, de origem igualmente metafórica, "dar-se conta de"[58]. Para Vieira, porém, a palavra é uma só e todo o trecho se baseia no fato de que o mesmo signo contém três significados. Aliás, o trecho não teria sentido sem esta natureza polissignificante, pois é ela que permite entrelaçar as duas idéias de cegueira e pecado, que se esclarecem uma à outra.

---

55. III, 206. 56. I, 109-157.
57. IV, 115.
58. "Cair em" alguma coisa usa-se muito nos séc. XVI, XVII, e ainda depois, no sentido de "dar-se conta de", "descobrir". "Eu que cair não pude neste engano", diz o Adamastor em *Os Lusíadas*, falando da cilada que Tetis lhe armou e que ele não descobriu a tempo.

Para tornar, no entanto, o signo ainda mais impalpável, as fronteiras da palavra ainda mais oscilantes, eis ainda um outro processo que é preciso, parece-me, considerar como variação do uso da polissemia. Consiste em tratar como uma única unidade semântica duas palavras diferentes tanto pelo corpo como pelo sentido, mas com certa semelhança exterior.

Vieira estava pregando contra as mentiras que proliferavam no Maranhão. Nessa região, o principal produto era o algodão, cultivado por índios reduzidos à escravidão pelos colonos, e este mesmo algodão em novelos era usado como moeda. Todo este conjunto complexo se evidencia no trecho seguinte:

> Novelas e novelos são as duas moedas correntes desta terra. Mas têm uma diferença: que as novelas armam-se sobre nada, e os novelos armam-se sobre muito, para tudo ser moeda falsa[59].

"Novelas" (notícias falsas) e "novelos" (de algodão) são ambos a "moeda corrente" no país. Esta identidade, permitida pelo duplo sentido de "moeda corrente", se torna evidente pela semelhança entre as duas palavras, que, pela forma, parecem (mas só parecem) o feminino e o masculino de uma palavra única. Por outro lado, existe entre "novelas" e "novelos" uma oposição fônica (a-o) que possibilita a Vieira tratá-los como duas variações de um mesmo sistema de oposições: a primeira forma corresponde a "nada", pois as falsas notícias não têm fundamento, a segunda a "muito", pois os índios trabalham duramente para produzir o algodão.

Este jogo, com suas variantes, é típico de Vieira[60] e nos mostra, mais uma vez, como o corpo das palavras é, em suas mãos, matéria extremamente flexível, que ele amolda livremente ao sabor de sua imaginação ou de suas intenções. É preciso, no entanto, considerar a palavra também quanto ao significado.

C. A palavra quanto ao significado

Num dos numerosos trechos que Vieira consagra à etimologia, encontramos um curioso conceito, o da "etimologia da Natureza". Já vimos que ele deriva de "luz" o nome "Luzitânia". Porém em outro sermão, pronunciado um ano depois, por ocasião da mesma festa, comenta esta etimologia da seguinte maneira:

---

59. IV, 157.
60. Outros exemplos do mesmo processo: *paço-passos* (I, 4); *riscos-riscas* (III, 195); *traça-traças* (IV, 64); *símbolo-címbalo* (IV, 195).

Nenhuma terra há, contudo, entre todas as do mundo, que mais se oponha à luz que a Luzitânia. Outra etimologia lhe dei eu no sermão passado; mas, como há vocábulos que admitem muitas derivações, e alguns que significam, por antífrase, o contrário do que soam, assim o entendo deste nome, posto que tão luzido. O mundo, dizem os gramáticos que se chama Mundo, *quia minime mundus*, e a morte, Parca, *quia nemini parcit*. E assim como o mundo se chama Mundo porque é imundo, e a morte se chama Parca porque a ninguém perdoa, assim a nossa terra se pode chamar Luzitânia porque a ninguém deixa luzir. Não é Santo Isidoro nem Marco Varro o autor desta funesta etimologia, senão a mesma Natureza, e o mesmo céu, com o curso e ocaso de suas luzes. A terra mais ocidental de todas é a Luzitânia. E porque se chama Ocidente aquela parte do mundo? Porventura porque vivem ali menos ou morrem mais os homens? Não, senão porque ali vão morrer, ali acabam, ali se sepultam e se escondem todas as luzes do firmamento [...] E se isto sucede aos lumes celestes e imortais, que nos lastimamos, senhores, de ler os mesmos exemplos nas nossas histórias[61]?

E assim a "etimologia da Natureza" nos permite corrigir a etimologia dos etimólogos. O conceito de luz (sol, estrelas) contém o de ocidente, o conceito de Luzitânia ou Portugal contém o de extremidade ocidental da Europa. Daí resulta que Portugal não é o país onde a luz desponta, mas onde se põe. É pela análise do conceito que o autor determina o significado de Luzitânia. Esta análise leva em consideração não só o que decorre da definição do conceito, mas também todas as coisas que podem ter uma relação qualquer com a coisa conceitualizada e significada. É evidente que na origem de toda esta citação está a palavra "luz", raiz da palavra que designa os Portugueses. A análise do significado permite-lhe, porém, dizer o contrário do que aquilo que ele significa: não luz, mas trevas.

Às vezes a análise do conceito, ou melhor, a "etimologia da Natureza", tem as aparências do rigor lógico, como no caso da análise do conceito de "fidalguia".

Muito tempo há que tenho dous escândalos contra a nossa gramática portuguesa nos vocábulos do nobiliário. À fidalguia chamam-lhe "qualidade" e chamam-lhe "sangue". A qualidade é um dos dez predicamentos a que reduziram todas as cousas os filósofos. O sangue é um dos quatro humores de que se compõe o temperamento do corpo humano. Digo, pois, que a chamada fidalguia não é somente qualidade, nem somente sangue, mas é de todos os dez predicamentos e de todos os quatro humores.

---

61. VII, 85.

Sob o pretexto de uma análise rigorosa do conceito, Vieira nos oferece uma sátira jocosa dos nobres da corte de Lisboa:

> Há fidalguia que é *sustância*, porque alguns não têm mais *sustância* que a sua fidalguia. Há fidalguia que é *quantidade*; são fidalgos porque têm muito de seu. Há fidalguia que é *qualidade*, porque muitos, não se pode negar, são muito qualificados. Há fidalguia que é *relação*: são fidalgos por certos respeitos. Há fidalguia que é *paixão*: são apaixonados da fidalguia. Há fidalguia que é *sítio*, e desta casta é a dos títulos que estão assentados e os outros de pé[62]. Há fidalguia que é *hábito*: são fidalgos porque andam mais bem vestidos. Há fidalguia por *duração*: fidalgos por antigüidade. E qual destas é a verdadeira fidalguia? Nenhuma. A verdadeira fidalguia é *ação*. Ao predicamento da ação é que pertence a verdadeira fidalguia[63].

O nosso mestre da lógica, que ensinara filosofia num colégio da Companhia, preocupa-se muito pouco com o conteúdo verdadeiramente lógico dos dez predicamentos. Emprega com duplo sentido as palavras que os significam. Mas esses predicamentos nem por isso deixam de servir-lhe para destruir o significado tradicional da palavra "nobreza" e acrescentar-lhe novos significados satíricos.

Em outros casos, esta multiplicação dos significados se faz livremente, sem aparência de lógica. As novas significações vêm abrigar-se no corpo da palavra, como pássaros provenientes dos quatro pontos cardeais.

Vejamos o sermão sobre Nossa Senhora da Penha de França, devoção de um pequeno convento de eremitas de Santo Agostinho, em Lisboa, cuja padroeira, por seus inúmeros milagres, atraía multidões. O tema é o título do cap. I de São Mateus: *Liber generationis Jesu Christi*. O sermão vai basear-se nos conceitos "livro" (liber), que está no tema escriturário, e "penhasco" (penha), que está no nome da igreja.

A primeira constatação que o pregador faz é que o "livro" não existe, pois não se registraram, por escrito, os milagres de Nossa Senhora. Vai falar, portanto, de um livro inexistente.

"Nossa Senhora da Penha": Nos penhascos moram as águias. Santo Agostinho é a águia dos doutores da Igreja e São João, a

---

62. Para compreender este trecho é preciso considerar que algumas palavras têm duplo sentido. Assim, *ter sustância* é ser alguém, valer alguma coisa; *ser qualificado* é ser estimado pelos governantes; *respeitos* são relações pessoais e proteções. *Títulos sentados* e *de pé* refere-se ao privilégio que tinham só alguns fidalgos de se poderem sentar na presença do Rei.

63. I, 212-3.

dos Evangelistas. Ora, este disse no final do seu evangelho que era impossível escrever todos os atos de Cristo e se os discípulos de Santo Agostinho não escreveram os milagres de Nossa Senhora da Penha é porque eram tão numerosos e surpreendentes que era impossível enumerá-los.

"Penha". Moisés, tocando com a vara num rochedo, fez brotar água, que se tornou um rio e acompanhou os hebreus. Os milagres de Nossa Senhora da Penha são um rio que corre ainda.

"Livro dos Milagres". Os livros, por definição, conservam a memória das coisas passadas. Moisés escreveu o Livro da Criação do mundo, mas não o da sua conservação, pois esta prossegue ainda diante dos nossos olhos. Também os milagres de Nossa Senhora continuam se realizando, não precisam ser escritos.

Assim através das razões que o autor extrai da palavra "Penha" e da palavra "livro", explica-se por que o livro dos milagres não existe. Mas, na realidade, existe, pois o "livro" do tema, o *Liber generationis Jesu Christi*, contém o nome dos antepassados de Cristo, e cada um desses nomes, como demonstraram alguns comentadores, tem um sentido místico, no qual se pode facilmente descobrir um dos milagres de Nossa Senhora. Por exemplo, Josias, explicam os doutores, significa *salus domini*: é a saúde recuperada por intercessão de Nossa Senhora; Josafá, *Deus judex*: é um pleito judicial que Nossa Senhora nos fez ganhar; *domina maris:* é o marinheiro que escapou do naufrágio pela invocação do nome de Maria, etc., etc.

Existe, portanto, o livro dos Milagres de Nossa Senhora da Penha: é o indicado no tema da Escritura que a Igreja atribuiu a esta festa.

Na peroração do sermão, o penhasco e o livro tomam novo sentido, mais espiritual.

Penhasco. Cristo morto foi sepultado numa rocha, ressuscitou e dela saiu três dias depois, abandonando no local o lençol. Este lençol é a nossa velha pele de pecadores que devemos deixar pendurada nas paredes da igreja de Nossa Senhora da Penha, em memória de um milagre ainda maior que os registrados no Livro: a ressurreição de nossa alma arrependida.

Livro. Poderemos então encerrar o livro da nossa vida, escrevendo o *Finis,* e estaremos prontos para entrar na Vida sem fim.

Não poderemos analisar aqui a enorme riqueza e a transbordante diversidade dos vínculos conceituais e verbais contidos neste sermão, que resumimos de maneira muito esquemática. Temos de nos contentar apenas com algumas observações.

A relação entre penhasco e águias existe na "Natureza"

(as águias habitam os penhascos). Entre penhasco e água, a relação é estabelecida pela narrativa bíblica, isto é, existe na História (Moisés fez sair água de uma rocha). O mesmo acontece com a relação entre Penhasco e o Sepulcro de Cristo, que encontramos no Evangelista. A relação entre Livro, Passado e Presente decorre da definição tradicional de Livro (o livro registra os acontecimentos passados para os leitores atuais). *"Finis"*, que se opõe à "vida sem fim", se refere também a Livro, enquanto objeto (os livros acabavam pela palavra *Finis*). O livro contém Nomes, que têm um sentido. Estas relações entre coisas, existentes na Natureza ou na História, são complementadas pelas relações entre palavras; por exemplo, o duplo sentido de Águia, que indicamos acima.

Resumindo o processo, pode-se dizer que o autor respiga nos fatos e textos tudo o que, de uma ou outra maneira, pode se relacionar a um determinado conceito. Vê águias pousadas, como se tivesse um rochedo diante dos olhos; lê palavras, como se tivesse um livro nas mãos. Ou então se informa sobre a história dos rochedos e dos livros. Recolhe tudo o que lhe parece convir para a pesquisa e aproxima-o dos conceitos que analisa, se assim se pode dizer. Por este processo, multiplicam-se as significações. A penha de Nossa Senhora passa a ser o rochedo de Moisés, o rochedo em que foi sepultado o corpo de Cristo, etc. O Livro torna-se cada uma das palavras que contém, e estas palavras são multiplicadas com a multiplicidade de sentidos. E assim até o infinito.

D. As palavras e o discurso

Pela combinação dos dois processos — o que extrai de uma palavra numerosos conceitos, e o que extrai de um conceito numerosas palavras — as palavras se prestam a todas as espécies de associação, abrem-se por todos os lados à passagem de qualquer discurso. Vieira, no discurso engenhoso em vez de fazer uma triagem entre as possíveis conexões, acessíveis a certos circuitos e fechados a outros, o que torna a palavra, em certa medida, uma demonstração da validade lógica da associação das idéias, as usa de tal maneira que elas não opõem resistência a qualquer encadeamento.

Eis um exemplo muito simples da combinação dos dois processos. Vieira está falando do evangelista Lucas, que foi médico, de profissão. Já sabemos como Lucas significa luz, *lux*. Por isso no *Apocalipse* ele é representado por um homem resplandescente, cujo rosto é o sol. O profeta Malaquias nos fala, em outra parte, do "sol da justiça" que com suas "penas" trazia a saúde, *sanitas*.

Tais eram os raios da sua luz e ciência médica de São Lucas: quando as penas da sua mão escreviam as receitas, não receitavam medicamentos, receitavam saúdes[64].

O conceito de sol está contido no de luz e contém o de raios, que são as "penas" de que fala o Profeta. Estamos considerando o conceito, isto é, o significado. Por outro lado, a raiz *luc* nos mostra que São Lucas é o homem do rosto de sol. As "penas" do sol são as "penas" com que São Lucas escreve — caso de polissemia. Estamos considerando agora o significante. Ora por um lado, ora por outro, as palavras abrem-se ao progredir do discurso.

Há, por vezes, encontros surpreendentes entre coisas viageiras, volantes, que o sonho arrancou dos alvéolos em que se incrustaram, por um hábito, que chamamos lógico, de tal maneira constitui para nós uma segunda natureza. Chegamos assim a resultados totalmente oníricos.

Três dedos misteriosos escreveram na parede as palavras fatais, lidas pelo Rei Baltasar. Eram dedos sem mão, sem olhos, sem orelhas, sem coração, sem homem. Assim devem ser os dedos dos ministros do rei.

A razão disto é porque se os dedos não forem muito seguros, com qualquer jeito de pena podem fazer grandes danos. Quis Faraó destruir e acabar os filhos de Israel no Egito, e que meio tomou para isto? Mandou chamar as parteiras egiptanas, e encomendou-lhes que, quando assistissem ao parto das Hebréias, se fosse homem o que nascesse, lhe torcessem o pescoço e o matassem, sem que ninguém o entendesse. Eis aqui quão ocasionado ofício é o daqueles em cujas mãos nascem os negócios. Os partos dos negócios são as resoluções, e aqueles em cujas mãos nascem estes partos (ou seja escrevendo ao tribunal ou seja escrevendo ao príncipe) são os ministros da pena. E é tal o poder, a ocasião e a sutileza deste ofício que com um jeito de mão e um torcer de pena podem dar vida ou tirar vida. Com um jeito podem dar-vos com que vivais, e com outro jeito podem tirar-vos o com que viveis. Vede se é necessário que tenham muito escrupulosas consciências estas egiptanas, quando tanto depende delas a buena-dicha dos homens, e não pelas riscas da vossa mão, senão pelos riscos das suas![65]

Seria preciso um longo comentário para desatar todos os nós que se emaranham neste texto. Notemos somente que o "jeito de pena", que é também "jeito de mão", evoca e atrai a idéia de mãos, com as quais as parteiras egípcias torciam o pes-

---

64. VIII, 414-5. 65. III, 194-5.

coço dos recém-nascidos hebreus. Do "jeito de mão" ou de "pena" depende, pois, a vida e a morte. Por outro lado, *Gitana* (cigana) deriva de *Egito* através de *Egiptana:* as mesmas parteiras que matam são as ciganas que lêem a linha da vida nas mãos dos outros porque todas são "gitanas"[66]. E por conta da semelhança/oposição entre "risca", linhas da mão, e "risco", caracteres da escrita, a mão se desdobra: temos a do que pede, cuja sorte ou "buena-dicha" não depende dele mesmo, e a dos ministro, que decide, traçando as "linhas" dos caracteres da escrita, nos quais se pode ler a boa ou má sorte do solicitante.

O discurso prossegue de maneira imprevisível. Ficamos surpreendidos ao encontrar no fim desta cadeia as ciganas leitoras de mão, e mais surpreendidos ainda por ver as linhas da mão transformadas nas linhas dos caracteres da escrita. E, no entanto, as palavras nos prendem, nos obrigam a segui-las e nos sentimos gratos pelas descobertas que nos proporcionam.

A reunião, num trecho curto, de dedos misteriosos, de ministros, de parteiras, de Faraó, de crianças massacradas, de ciganas, de mãos que se desdobram, de sorte, de vida e morte, parece feita para agradar às imaginações mais habituadas às surpresas dos surrealistas. É o percurso infinitamente flexível do sonho.

Mas atenção: é um sonho que prossegue através do íntimo das palavras e pela comunicação de palavra com palavra. Pois o autor consegue dizer tudo o que quer sem desconsiderar a palavra, sem forçá-la ou desprezá-la, mas pelo contrário, conhecendo-a perfeitamente, manejando com delicadeza toda sua engrenagem, despertando todo o seu corpo, liberando-lhe toda a energia. Vieira dá sempre a impressão de não puxar a palavra, mas de segui-la. Como gramático, etimólogo, acredita — e quer que acreditemos — que a ciência da palavra é a ciência das coisas. Nas suas exposições, usa os caminhos estreitos e austeros das "derivações" e das regras gramaticais.

Ei-lo que procura nos descrever, apenas pela análise etimológica da palavra *satrapa* e pela conjugação de um dos seus elementos, as múltiplas formas da corrupção da administração colonial. Já vimos que, segundo uma etimologia de Nicolau de Lira, *satrapa*, equivalente latino de "governador colonial", significa "grande ladrão", de *rapere*, roubar. E São Francisco Xavier tinha escrito que, na Índia, alguns portugueses conjugavam o

---

66. *Gitana* é a palavra espanhola correspondente ao português *cigana*. As ciganas praticam a quiromancia, isto é, lêem a sorte ou "buena-dicha" nas linhas das mãos das pessoas (linhas da vida).

verbo *rapio* em todos os tempos e modos. Vejamos como se faz esta conjugação:

> Tanto que lá chegam começam a furtar pelo modo indicativo, porque a primeira informação que pedem aos práticos é que lhe apontem e mostrem os caminhos por onde podem abarcar tudo. Furtam pelo modo imperativo, porque como têm o mero e misto império, todo ele aplicam despoticamente às execuções da rapina [...]. Furtam pelo modo conjuntivo, porque ajuntam o seu pouco cabedal com o daqueles que manejam muito, e basta só que ajuntem a sua graça para serem, quando menos, meeiros na ganância [...]. Furtam pelo modo infinitivo, porque não tem fim o furtar com o fim do governo, e sempre lá deixam raízes em que se vão continuando os furtos. Estes mesmos modos conjugam por todas as pessoas, porque a primeira pessoa do verbo é a sua, as segundas os seus criados, e as terceiras quantas para isso têm indústria e consciência. Furtam, juntamente, por todos os tempos, porque o presente, que é o seu tempo, colhem quanto dá de si o triênio; e para se incluírem no presente o pretérito e o futuro, do pretérito desenterram crimes de que vendem os perdões e dívidas esquecidas de que se pagam inteiramente; e do futuro empenham as rendas e antecipam os contratos, com que tudo o caído e não caído lhe vem a cair nas mãos [...]. E quando eles têm conjugado assim toda a voz ativa e as miseráveis províncias suportado toda a passiva, eles, como se tiveram prestado grandes serviços, tornam carregados de despojos e ricos, e elas ficam roubadas e consumidas[67].

Esta notável descrição, que nos faz compreender os detalhes das técnicas da rapina colonial, resume a vasta matéria que o autor conhecia, por experiência própria, pois ele mesmo estava em luta com a administração do Maranhão, cujas irregularidades queria denunciar ao rei. Não encontra, para expô-la, melhor maneira do que enquadrá-la no paradigma de uma conjugação.

Age, evidentemente, com astúcia, pois não emprega os termos "indicativo, conjuntivo", etc. no sentido gramatical a menos que isso lhe convenha. Ao processo gramatical e etimológico que domina o conjunto, acrescenta, em cada parte, outros que lhe permitem fazê-las dizer o que as palavras não significam no contexto. O respeito infinito que a elas dedica é perfeitamente compensado pela docilidade com que elas se lhe submetem.

E. Conclusão

O conjunto de processos que procurei identificar e exemplificar caracterizam um gênero de discurso, para o qual, levando em conta o papel que nele têm as palavras, proponho a designação de "discurso lexicológico".

---

67. V, 72-3.

No discurso lexicológico, as palavras não representam o papel de signos lingüísticos com um significado e um significante indissociáveis.

Por um lado, parecem ordenar o discurso. Através da análise de sua configuração fônica e gráfica, da pesquisa de suas etimologias, de sua anatomia, da consideração de semelhanças e oposições corporais, e também acompanhando as suas derivações, variações e flexões, é que o autor define e desenvolve o próprio pensamento.

Mas, por outro lado, a personalidade das palavras esvai-se. O autor separa o significante do significado e aproxima estes fragmentos de outras palavras ou de outros fragmentos de palavra. Chega a parcelar o corpo da palavra em partes que se tornam, cada qual, uma palavra independente. Os elementos desmembrados do signo se combinam de acordo com uma regra que parece arbitrária.

Vê-se claramente o que haveria de falso numa teoria que atribuísse ao discurso lexicológico uma confusão entre palavras e coisas. Seria encarar apenas um aspecto do problema. Na verdade, para o autor engenhoso, as palavras são apenas coisas no sentido em que as coisas são manejáveis, divisíveis, utilizáveis.

Acompanhando-as e retalhando-as, o autor engenhoso consegue libertar-se da rigidez da lógica e do bom senso cartesiano. Enquanto este último se apóia em signos — a clareza é apenas uma correspondência biunívoca bem estabelecida entre um significante e um significado — o espírito engenhoso, pelo contrário, precisa de libertar-se dos signos.

No entanto, só pode fazê-lo utilizando as palavras. Começa então a retalhá-las, a destruir a unidade significante de que fazem parte, para construir, com estes fragmentos, andaimes provisórios que chegam até onde os signos lingüísticos não poderiam atingir. Aparentando proceder como se tudo dependesse das palavras, o discurso lexicológico torna-as totalmente disponíveis.

II. AS IMAGENS

A. *O problema*

Não nos interessa, neste estudo referente à definição do discurso engenhoso, caracterizar e classificar os diferentes tipos de imagens encontrados em Vieira, nem tampouco identificar-lhes as origens. Contentemo-nos em lembrar: num gênero como o sermão, que procura despertar a imaginação dos ouvintes, as imagens desempenham obrigatoriamente um papel muito importante; os textos sagrados punham à disposição dos pregadores um arsenal inesgotável de figuras, parábolas, metáforas; e, enfim, o recurso à imaginação sensorial como sustentáculo para a meditação era um método recomendado por Santo Inácio e exemplificado nos *Exercícios Espirituais*. O nosso ponto de vista dispensa o comentário sobre "Quereis ver? Olhai!" ou outras formas de apelo à visão, que encontramos muitas vezes no nosso jesuíta.

O que nos interessa é saber o papel da imagem no encadeamento do discurso.

A imagem, na definição mais usual — a do discurso clássico — é a evocação pelas palavras de uma percepção sensorial, mais ou menos complexa, a fim de tornar sensível à imaginação um pensamento abstrato, ou de descrever, por comparação, um objeto concreto.

Esta definição supõe dois termos com estatutos diferentes: o pensamento e sua imagem, a qual tem, no discurso, papel secundário. Passa-se de um pensamento a outro, pelos laços conceituais que os unem, mas não se passa de uma imagem a outra. Só o pensamento é indispensável, porque só através dele é que o discurso se desenvolve. Em princípio, pode retirar-se a imagem ou substituí-la sem com isso afetar ou interromper o discurso.

Em outras palavras, a imagem e o pensamento não se equivalem e não podem ser permutados. O grau de realidade, se assim se pode dizer, é diferente para uma e para o outro. A imagem tem apenas uma realidade secundária e depende da realidade primeira, a do pensamento.

Sob o ponto de vista lingüístico, a imagem constitui um encadeamento de palavras, ligado à expressão do pensamento por um termo de comparação *(como, ut)* que serve justamente para estabelecer a diferença entre uma e outra realidade.

Na metáfora, no entanto, a imagem é incorporada à palavra, e os dois termos parecem confundir-se. Mas o que é típico do discurso clássico é que a metáfora não tem seguimento. Não se encadeia um pensamento à imagem contida na metáfora, mas sim à idéia, que a metáfora expressa de maneira mais sensível e mais nova do que o faria uma velha palavra convencional; e poder-se-ia substituir a palavra metafórica por uma expressão mais abstrata sem prejudicar o encadeamento do discurso. É por isso que a retórica clássica considera a metáfora como um "ornato" do discurso, e não como elemento de sua estrutura. Isto demonstra que, mesmo na metáfora, o discurso clássico distingue sempre dois termos: o pensamento e sua imagem.

Vamos ver até que ponto a imagem "engenhosa" se afasta desta definição.

B. As imagens e as palavras

Grande parte do léxico é, como se sabe, constituída por metáforas mais ou menos esquecidas. Um dos processos típicos de Vieira consiste em atualizar em determinada palavra a metáfora que está em sua origem e que o tempo apagou: ela se destaca, então, do seu contexto e fica independente.

A palavra "ouvido" na linguagem técnica do fundidor significa também o "orifício" do molde por onde entra o metal fundido. Senhor deste dado lingüístico, Vieira mostra-nos que cada um ouve, não pelo ouvido, mas pelo coração:

> Quer um fundidor formar uma imagem. Suponhamos que é São Bartolomeu com o seu diabo aos pés. Que faz para isto? Faz duas formas de barro, um do santo, outra do diabo, e deixa aberto um ouvido em cada uma. Depois disto derrete o seu metal em um forno, e tanto que está derretido e preparado, abre a boca ao forno, corre o metal, entra por seus canais no ouvido de cada forma, e em uma sai uma imagem de São Bartolomeu muito formosa, noutra uma figura do diabo, tão feia como ele. Pois, valha-me Deus, que diferença é esta? O metal é o mesmo, a boca por onde saiu a mesma, e entrando por um ouvido faz um santo, entrando por outro ouvido faz um diabo? Sim, que não está a cousa nos ouvidos, senão nas formas que estão lá dentro [...]. Senhores meus, todos os nossos ouvidos vão a dar lá dentro em uma forma que é o coração[68].

A palavra "ouvido", "orifício", desencadeia uma imagem complexa, cujas diferentes partes correspondem a um mesmo conjunto. Mais ainda, "ouvido" atrai "boca", que tanto é a "boca" que fala como a "boca" do forno de fundir.

Neste exemplo, a imagem é, de certa maneira, o desdobramento, o desenvolvimento de uma palavra, como que o abrir de um livro, ou o desenrolar de um rolo. Atualiza uma virtualidade léxica. Outros exemplos vão mostrar com que sutileza é manejado este instrumento de encadeamento do discurso.

A expressão portuguesa "pendurado por um fio" designa a situação de uma pessoa em extremo perigo, como se a sorte lhe estivesse pendente do fio frágil a que está suspenso. Certos falatórios, sobretudo quando mal interpretados, põem em risco a reputação alheia.

> Quantas vezes ouvis o que não ouvis? Quantas vezes entre a boca do outro e os vossos ouvidos ficou a honra alheia pendurada por um fio? E queira Deus que não ficasse enforcada[69].

---

68. IV, 166.   69. IV, 165.

O "fio" metafórico se materializa. Estende-se da boca de um ao ouvido de outro. Torna-se uma corda que pode enrolar-se ao pescoço da pessoa e enforcá-la.

Assim como uma palavra ou uma locução pode dar origem a uma imagem, também a imagem pode estar na origem de uma palavra ou de uma locução que se torna autônoma. A aranha é a imagem dos aduladores que tentam enredar o rei nas suas teias. Os fios da teia de aranha são muito finos. O adjetivo "fino" se destaca do contexto da imagem e torna-se, por seu próprio sentido, uma malha no encadeamento do discurso:

> [A aranha] a primeira cousa que faz é desentranhar-se toda em finezas [...]. Quem vir ao princípio as finezas com que todos [os aduladores] se desfazem e desentranham em zelo e serviço do príncipe...[70].

A palavra "fineza" tem, de fato, além do sentido derivado diretamente de "fino", o de "adulação palaciana". Dando-lhe este destaque, o autor torna mais íntima a relação entre os dois termos da comparação e permite que a imagem ultrapasse a sua própria significação.

A palavra e a imagem, alargando-se, combinam-se e entremeiam-se no tecido do discurso. As mentiras brotam apenas da imaginação do mentiroso, como a seda das entranhas do bicho-da-seda.

> Não sucede assim às mentiras imaginadas, que vós, como o bicho-da-seda, gerastes dentro de vós mesmos, fabricando de vossas entranhas a mortalha para vós e o vestido para os outros? Meterá a língua a tesoura e, sem tomar as medidas à verdade, vós lhe cortareis o vestir[71].

É preciso muita atenção para entrar nos meandros deste trecho. O bicho-da-seda produz sua própria mortalha, o casulo onde morre. A mentira é, semelhantemente, a mortalha do pecador, fabricada por ele mesmo. Também o bicho-da-seda produz os trajes, metonímia de "seda". Com os trajes que fabricam, os mentirosos vestem as pessoas de que falam, ou melhor, põem-lhes disfarces, segundo a própria fantasia. Para compreender o que se segue, é preciso ter presente a locução "cortar na casaca de alguém", que significa "difamar"[72]. Já tínhamos os trajes, e agora, através da locução subentendida "cortar na casaca" ("cortar o vestir"), temos a "tesoura", a língua, que recorta, retalha o traje próprio de cada pessoa sem respeitar a verdade.

---

70. II, 364.   71. IV, 161.
72. No Brasil, hoje se diz simplesmente "cortar" ou "tesourar" (neologismo feito a partir de "tesoura").

Vemos como a imagem se ramifica e se estende, como vão sendo obtidas novas imagens — mortalha e disfarce — que se encadeiam a locuções metafóricas da linguagem usual.

Às vezes, uma homonímia, uma derivação falsa, uma semelhança de palavras basta para desencadear uma imagem. Falando dos olhos fechados de Cristo, Vieira dizia:

Aquelas pestanas cerradas sejam as sedas de que teçamos um cilício muito apertado a nossos olhos[73].

A palavra "cílios" (pestanas) não está no texto, mas evidentemente é ela que provoca o aparecimento da palavra "cilício": com os fios dos *cílios*, deve-se tecer o *cilício*, instrumento de penitência que fechará os olhos à entrada do pecado.

Uma simples homofonia permite desenvolver de maneira notável uma imagem criada por São Paulo. O apóstolo comparou a fé dos crentes que não têm caridade ao bronze que soa e ao címbalo que tine (I *Cor.*, XIII, I). Vieira aproxima este *címbalo* do *Símbolo* (da Fé) para estabelecer a diferença entre a fé do címbalo, que só se manifesta pelas aparências, e a do Símbolo, a verdadeira. Tomando como ponto de apoio a palavra que designa a imagem, lança uma flecha que vai atingir, na outra extremidade, uma palavra que lhe corresponde pela semelhança e oposição. E no interior deste tema maior, outros menores se desenvolvem segundo o mesmo modelo.

Não é símbolo da fé, é fé do címbalo. Que importa o soar do crer sem a consonância do obrar? Que importa o tinir ou os tinos da fé com os desatinos das vidas[74]?

Assim como "címbalo", semanticamente, nada tem a ver com "símbolo", também "tinir" não tem a menor relação, nem semântica, nem etimológica, com "desatino". Mas *tinir* atrai *tino*, que significa não só o soar do sino, mas também o juízo das pessoas. *Desatino* é o antônimo de *tino*. Os processos do discurso lexicológico, que já conhecemos, permitem que palavras sem a menor relação semântica entre si desempenhem o papel de pilares do discurso, sustentando seu desenvolvimento a partir da imagem.

Este processo de desenvolvimento possibilita não somente passar de uma imagem a outra, como também de uma imagem a um novo conceito. Santo Antonio chamado de Pádua, mas nascido em Lisboa, que era a luz do mundo (= sol), embarcou para a África:

73. V, 114.

74. IV, 195.

E porque o sol, quando desce a alumiar os antípodas, mete o carro no mar e banha os cavalos nas ondas, para que assim o fizessem também os Portugueses, deixa Antônio a terra, engolfa-se no oceano e começa a navegar, levando o pensamento e a proa na África [...]. Mas porque a frase dos cavalos e carro do sol não pareça poética e fabulosa, ouçamos ao profeta Habacuc [...]: *Viam fecisti in mari equis tuis et quadrigae tuae salvationis*. Vós, Senhor, diz o profeta, fizestes o caminho pelo mar aos vossos cavalos e às vossas carroças de salvação[75].

Segue-se um comentário do texto do profeta, tendente a demonstrar que ele predizia as viagens dos portugueses. "Carroças", tradução proposta por Vieira para *quadrigae*, não é outra coisa, segundo ele, senão as célebres "carracas" portuguesas do caminho da Índia. Neste texto surpreendente, o mito antigo do carro de Febo, empregado pelos poetas do século XVI e XVII como uma metáfora puramente ornamental, retoma toda a força do sentido primitivo para que o autor possa chegar a outros cavalos e a outros carros, estes proféticamente reais: "Para que a frase dos cavalos e carro do sol não pareça poética e fabulosa". A ficção leva à realidade. Vieira toma ao pé da letra um velho clichê retórico e estabelece a ligação entre dois conceitos: Santo Antônio é a luz do mundo; Deus destinara aos Portugueses a missão de iluminar o mundo.

Nos exemplos que acabamos de comentar, não se pode dizer que a imagem seja um significante em relação ao conceito. Nem tampouco que tenha um estatuto diferente, secundário, em relação ao conceito. Sob o ponto de vista lingüístico, não há dois níveis de palavras, mas um só. A imagem e o pensamento se encontram no mesmo plano.

C. *A imagem e o conceito*

Essas observações, que se referem sobretudo às metáforas incorporadas à língua, não impedem que, muitas vezes, imagem e conceito se defrontem, guardando cada um a sua integridade. Aliás já observamos isso com a imagem do ouvido e do molde. A metáfora do ouvido estabelece uma ligação entre duas representações complexas, de tal maneira que cada parte de uma corresponde a uma parte da outra.

As metáforas desse gênero são numerosas e se introduzem diretamente, sem passar por uma metáfora intermediária. Favorecem, às vezes, descrições e narrações bastante desenvolvidas.

---

75. VII, 71.

Eis, por exemplo, a descrição de dois gêneros de estátuas, de mármore e de murta:

> Os que andastes pelo mundo e entrastes em casas de prazer de príncipes, veríeis naqueles quadros e naquelas ruas dos jardins dous gêneros de estátuas muito diferentes, umas de mármore, outras de murta. A estátua de mármore custa muito a fazer, pela dureza e resistência da matéria; mas depois de feita uma vez, conserva e sustenta a mesma figura. A estátua de murta é mais fácil de formar, pela facilidade com que se dobram os ramos, mas é necessário andar sempre reformando e trabalhando nela, para que se conserve. Se deixa o jardineiro de assistir, em quatro dias sai um ramo que lhe atravessa os olhos, sai outro que lhe decompõe as orelhas, saem dois que de cinco dedos lhe fazem sete; e o que pouco antes era homem, já é uma confusão verde de murtas[76].

Neste gênero de descrição, os detalhes não são — ou não são somente — inspirados pelo gosto do pitoresco, mas pela preocupação em estabelecer uma correspondência exata entre os próprios elementos da imagem e os do conceito que o autor deseja explicar. As estátuas de mármore são os povos que resistem tenazmente à conversão: mas quando aceitam a verdade cristã, a ela aderem realmente e não precisam mais de missionários. As estátuas de murta são os povos entre os quais estão os índios do Brasil — que não opõem resistência alguma ao cristianismo, mas que, entregues a si mesmos, voltam facilmente às práticas selvagens.

> É necessário que assista sempre a estas estátuas o mestre delas; uma vez que lhe corte o que vicejam os olhos, para que creiam o que não vêem; outra vez que lhe cerceie o que vicejam as orelhas, para que não dêem ouvidos às fábulas de seus antepassados; outra vez que lhe decepe o que vicejam as mãos e os pés, para que se abstenham das ações e costumes bárbaros da gentilidade. E só desta maneira, trabalhando sempre contra a natureza do tronco e humor das raízes, se pode conservar nestas plantas rudes a forma não natural e compostura dos ramos.

Vimos assim, nos olhos, nas orelhas e nas mãos da estátua, a projeção — no sentido geométrico — dos olhos, das orelhas e das mãos dos Índios. Esta descrição nada mais é que a análise de um mecanismo psicológico.

Pelos pormenores da descrição e pela maneira como Vieira tira dela um ensinamento, esta imagem — como também a da estátua de metal fundido — faz-nos pensar numa parábola. A semelhança torna-se mais evidente se a compararmos com uma outra versão da imagem da estátua, inspirada diretamente em uma parábola de Isaías: a do lenhador que tomou um tronco de

---

76. V, 408-9.

árvore, partiu-o em duas metades, fez de uma um ídolo e lançou a outra ao fogo. Depois de parafrasear o texto de Isaías, Vieira analisa os diferentes elementos da narração:

> Pasma Isaías da cegueira deste escultor, e eu também me admiro dos que fazem o que ele fez [...]. Duas metades do mesmo tronco, uma ao fogo, outra ao altar! Se são dous cepos, porque os não haveis de tratar ambos como cepos? Mas que um cepo haja de ter a fortuna de cepo e vá em achas ao fogo, e que outro cepo, tão madeiro, tão tronco, tão informe e tão cepo como o outro, o haveis de fazer à força homem, e lhe haveis de dar autoridade, respeito, adoração, divindade? Dir-me-eis que este segundo cepo está muito feito, e que tem partes. Sim, tem: mas as que vós fizestes nele. Tem boca, porque vós lhe fizestes boca; tem olhos porque vós lhe fizestes olhos; tem mãos e pés porque vós lhe fizestes pés e mãos[77].

Este "vós" a quem Vieira se dirige é o próprio rei. O ídolo é o ministro ou favorito que recebe do rei o poder — a boca, os olhos, etc. O outro termo da comparação, o conceito, não está explicitado, por causa da consideração devida à pessoa real. Por isso o pregador recorre à parábola:

> Não me atrevo a falar nesta matéria senão por parábola, e ainda essa não há de ser minha.

Todos, porém, sabiam que a parábola tinha um sentido determinado, cada uma de suas partes podia ser "traduzida". O ministro é uma "criatura" do rei que fala pela sua boca, vê pelos seus olhos, age através dos meios que o rei pôs à sua disposição. O rei tem o poder de lançar os súditos ao fogo, e no entanto põe-se na dependência de outros que também são súditos[78].

O que caracteriza a parábola é constituir ela um conjunto, geralmente uma narrativa completa, em que cada uma das partes se encaixa num outro conjunto, o conceito que vai ser explicado. A parábola do Semeador, analisada parte por parte, é assunto de um sermão — o sermão da Sexagésima — dedicado à pregação. Por esta peculiaridade, a parábola pode ser aproximada de imagens como a da estátua fundida, que, aliás, em certa medida também é uma narrativa, e de outras que o são menos. O exemplo mais sugestivo de correspondência exata entre imagem e conceito

---

77. II, 187-8.
78. De fato, D. João IV deixara que a Inquisição queimasse um dos seus homens de confiança, Manuel Fernandes de Villareal, também amigo de Vieira. Vieira certamente lembra isso neste sermão, pronunciado três anos depois do auto-da-fé de 1652.

se encontra talvez numa comparação entre a árvore e o sermão, que merece ser transcrito:

> Quereis ver tudo isto com os olhos? Ora, vede. Uma árvore tem raízes, tem tronco, tem ramos, tem varas, tem flores, tem frutos. Assim há de ser o sermão. Há de ter raízes fortes e sólidas, porque há de ser fundado no Evangelho. Há de ter um tronco, porque há de ter um só assunto e tratar uma só matéria. Deste tronco hão de nascer diversos ramos, que são diversos discursos, mas nascidos da mesma matéria e continuados nela. Estes ramos não hão de ser secos, senão cobertos de folhas, porque os discursos hão de ser vestidos e ornados de palavras. Há de ter esta árvore varas, que são a repreensão dos vícios. Há de ter flores, que são as sentenças. E por remate de tudo há de ter frutos, que é o fruto o fim a que se há de ordenar o sermão.

Não pára aí a análise dos elementos do sermão. Acaba por uma espécie de recapitulação:

> Assim que nesta árvore, a que podemos chamar árvore da vida, há de haver o proveitoso do fruto, o formoso das flores, o rigoroso das varas, o vestido das folhas, o estendido dos ramos, mas tudo isto nascido e formado de um só tronco, e esse, não levantado no ar, senão fundado nas raízes do Evangelho[79].

Trata-se mais de um esquema que de uma descrição de árvore. Pode-se dizer que a árvore é o ideograma do sermão.

Talvez conviesse relacionar esta imagem com as que Vieira designa como "hieróglifos". Estes "hieróglifos" são figuras emblemáticas que ilustravam pensamentos, "empresas". Vieira cita uma, sem indicar o autor: um sol, cujos raios, desviados por uma lente, vão abrasar um coração e uma legenda comenta a imagem: *Quid propinquior?*[80].

Ora, Vieira tira da natureza hieróglifos já prontos. A árvore é um deles. Serve para ilustrar este pensamento ou "empresa" que o pregador propõe ao público: "Se quereis morrer bem, não deixeis o morrer para a morte, morrei em vida".

> E se quiserdes para esta grande empresa um corpo ou hieroglífico natural, não notado por Plínio ou Marco Varro, senão por autor divino e canônico, eu vo-lo darei. Foi notar São Judas Tadeu [...] que as árvores morrem duas vezes. [...] A primeira vez morrem as árvores de pé, a segunda, deitadas; a primeira quando se secam, a segunda quando caem[81].

Notemos que o essencial deste "hieróglifo" procede da narrativa e não da descrição: não é a forma da árvore, mas o processo da morte. Daí poderá brotar uma fábula ou uma pará-

---

79. I, 22-3. 80. II, 91.
81. II, 201.

bola. Na literatura emblemática, tão apreciada nos séculos XVI e XVII, encontram-se ora objetos significativos — o caso da refração dos raios do sol — ora pequenas narrativas, como a do Amor e da Morte que, por engano, se trocaram as flechas[82]. Isto se explica pela correspondência exata que podemos estabelecer entre a narração e a idéia que se tenta traduzir.

O que, porém, convém fixar dos exemplos acima comentados é o caráter esquemático, ideogramático, para o qual tendem as imagens de Vieira. Compreende-se, então, a fascinação que ele tem pelas que se inspiram nas "matemáticas", para empregar a palavra de que se vale muitas vezes, e que designa sobretudo a geometria e a astronomia, e às vezes algumas partes da física, sobretudo a ótica. Estas imagens permitem, de fato, criar uma ilusão de exatidão que não é possível às que se inspiram na flora, na fauna, na fábula ou mesmo no Evangelho. Daremos, portanto, uma idéia da freqüência, da natureza e da importância desse gênero de imagens em Vieira.

O relógio era talvez o instrumento de maior precisão conhecido por Vieira:

> Todo o relógio perfeito não só dá horas, mas tem um braço mostrador com que as aponta. O religioso há de ser como um relógio, mas com dous braços mostradores, um que mostre as horas, outro que mostre as ações. Se a ação concorda com a hora, anda o relógio certo; se não concorda, anda destemperado[83].

Vejamos agora a geometria. Os sentimentos que unem duas pessoas que se amam mudam com o tempo:

> São como as linhas que partem do centro para a circunferência, que tanto mais continuadas, tanto menos unidas[84].

A física da lei da gravidade é também aplicada na descrição de sentimentos:

> Aquela regra natural que, quanto o bem desejado está mais vizinho, tanto maior é o desejo, bem assim como a pedra no ar, que, quanto mais se chega ao centro, tanto com maior velocidade se move[85].

---

82. O maior mestre no gênero é o italiano Alciato, nas *Emblemata*, 1522, muito apreciadas por Gracián. Este último menciona, entre os gêneros de "agudeza compuesta", os "emblemas, jeroglíficos, empresas"; cf. Gracián, *Obras completas*, ed. del Hoyo, 1960, p. 476. Atribui a Alciato o emblema do Amor e da Morte, de que Vieira, II, 292, se serve, mas citando Anacreonte.

83. I, 303.   84. IV, 289.
85. X, 223.

Quanto à ótica, encontramos mais de uma referência à invenção de Arquimedes, que permitiu aos sicilianos incendiarem a esquadra inimiga[86].

Mas é a astronomia a fonte mais fecunda deste gênero de imagens. Por que os cristãos crêem em Deus e agem como se não cressem?

> O que crê a fé é o futuro; o que leva após si a vida é o presente. E pode mais conosco o pouco e breve presente que o muito e eterno futuro, porque o presente consideramo-lo ao perto, o futuro ao longe. As estrelas do firmamento são todas muito maiores que a lua, e contudo a lua parece-nos maior e faz em nós contínuos e maiores efeitos, porque as estrelas estão longe e a lua perto. Assim nos acontece com as coisas do outro e deste mundo[87].

E para demonstrar como o amor de Cristo pelos homens cresceu no momento em que ia ausentar-se deste mundo:

> Com razão chamei a Cristo sol nesta ocasião. O profeta chamou-lhe sol de justiça, eu chamo-lhe sol da ausência. Quando a lua se mostra oposta ao sol no seu ocaso, então está maior e mais cheia e fez na sua ausência um novo dia[88].

Eis, porém, uma imagem astronômica que eclipsa todas as outras. Vieira quer explicar-nos que o dia do fim do mundo equivale, para cada um de nós, exatamente ao dia de nossa morte pessoal:

> Copérnico, insigne matemático do próximo século, inventou um novo sistema em que demonstrou ou quis demonstrar (posto que erradamente) que não era o sol que se movia e rodeava o mundo, senão que esta mesma terra em que vivemos, sem nós o sentirmos, é a que se move e anda sempre à roda. De sorte que, quando a terra dá meia-volta, então descobre o sol, e dizemos que nasce, e quando acaba de dar a outra meia-volta, então lhe desaparece o sol, e dizemos que se põe. E a maravilha deste novo invento é que na suposição dele corre todo o governo do universo e as proporções dos astros e medidas do tempo com a mesma pontualidade e certeza com que até agora se tinham observado e estabelecido na suposição contrária. O mesmo passa, sem erro e com verdade, nesta passagem nossa e do mundo. Escolhei das duas opiniões qual quiserdes. Ou seja o sol o que se move, ou nós os que nos movemos; ou o sol se ponha para nós, ou nós para ele, os efeitos são os mesmos. Ou no dia do Juízo o ocaso seja do mundo, ou no dia da morte seja meu; ou o mundo então acabe para todos ou eu agora acabe para o mundo, tudo vem a ser o mesmo, porque tudo acaba[89].

86. III, 332.
88. IV, 302-3.
87. IV, 209.
89. I, 82.

Este resumo da teoria geocêntrica, admirável sob o ponto de vista didático, é um diagrama perfeito. Desprezando qualquer detalhe pitoresco, dirige-se apenas à imaginação intelectual. Pode ser considerado, parece-me, como o arquétipo de, pelo menos, boa parte das imagens de Vieira.

E este exemplo nos mostra como é errônea a opinião, muito difundida, que vê no discurso de Vieira — e, digamos de passagem, no de outros autores barrocos — um vício fundamental: a tendência em pensar através de imagens em vez de fazê-lo por conceitos. A realidade é muito mais complexa, pois a imagem diagramática é um sistema de relações inteligíveis, como uma figura geométrica. É uma evidência intelectual, ainda que sensível, e serve para explicar, analiticamente, um pensamento novo. No exemplo citado, a imagem estabelece ligação entre duas doutrinas científicas, que nos fazem compreender o relacionamento entre duas situações diante da morte.

Notemos, por outro lado, que a teoria de Copérnico é apresentada como "errada"[90], mas nem por isso deixa de ajudar à compreensão de uma verdade. Vieira a utiliza como uma ficção, um "fingimento", assim como faz para fábulas da mitologia. É o que chama "usar da mentira para persuadir a verdade". Voltaremos ao assunto, em outra ocasião.

No discurso clássico, a imagem é uma semelhança considerada com ligeireza. Pega-se e larga-se. Vale o que vale. É uma aparência tomada como tal e cujo conteúdo não é aprofundado. Vem e passa. Pelo contrário, no discurso de Vieira, o autor agarra-a e se apossa dela para descobrir-lhe o íntimo. Vale sobretudo pela contextura, pelo travejamento e não pela exterioridade. Preocupa-se em descobrir os traços que ligam esta contextura à de um determinado conceito, do qual é, de certo modo, uma *projeção* no sentido geométrico. Isto aplica-se, pelo menos a uma série de imagens para as quais proponho a designação de "imagens diagramáticas".

D. A substância da imagem

Entre o corpo e sua projeção, não há apenas uma relação de aparência, pois as proporções de um se reproduzem no outro: são as mesmas. Entre um e outro, há, portanto, uma identidade sob a aparência de diferença. Esta reflexão pode aplicar-se a numerosas imagens de Vieira.

É o caso da bela imagem da "nau" que ele vai buscar em Santo Ambrósio:

---

90. Aliás, não podia ser de outra maneira na Península Ibérica.

Todos imos embarcados na mesma nau, que é a vida, e todos navegamos com o mesmo vento, que é o tempo. E assim como na nau uns governam o leme, outros mareiam as velas, uns vigiam, outros dormem, uns passeiam, outros estão sentados, uns cantam, outros jogam, outros comem, outros nenhuma cousa fazem, e todos igualmente caminham ao mesmo porto, assim nós, ainda que o não pareça, insensivelmente imos passando sempre e avizinhando-se cada um ao seu fim. Porque tu, conclui Ambrósio, dormes, e o teu tempo anda[91].

Entre o movimento do navio que transporta passageiros, estejam neles em movimento ou em repouso, e o fluxo da vida, há muito mais que uma semelhança. São movimentos ou alterações de mesma natureza, cuja essência o autor já enunciara:

Ou indo ou estando, ou caminhando ou parados, todos sempre com igual velocidade passamos.

E esta impressão é confirmada pelo curioso comentário da célebre sentença de Heráclito, segundo a qual ninguém pode banhar-se duas vezes no mesmo rio:

E porque? Porque quando entrasse segunda vez, já o rio, que sempre corre e passa, é outro. E daqui infiro eu que o mesmo sucederia se não fosse rio, senão lago ou tanque aquele em que o homem entrasse porque ainda que a água do lago e do tanque não corre nem se muda, corre e sempre se está mudando o homem, que nunca permanece no mesmo estado.

O movimento do navio, que é uma imagem, se acrescenta ao movimento do rio, e este às mudanças do próprio homem. São a expressão de uma mudança geral.

E é o sentimento de apreender uma realidade substancial, e não somente uma imagem desta realidade, que experimentamos na leitura do texto abaixo. Vieira acabara de chamar a atenção para o diabo que não consegue comprar a alma de Cristo em troca do mundo inteiro, enquanto os homens vendem a sua por um pedacinho de terra:

Que palmo de terra há no mundo que não tenha levado muitas almas ao inferno, pela demanda, pelo testemunho falso, pela escritura suposta, pela sentença injusta, pelos ódios, pelos homicídios e por infinitas maldades? Se o mundo todo não pesa uma alma, como pesam tanto estes pedacinhos do mundo? Barro alfim. Deitai ao mar um vaso de barro inteiro, nada por cima da água; quebrai esse mesmo vaso, fazei-o pedaços, e todos, até o mais pequeno, se vão ao fundo. Se o mundo inteiro pesa tão pouco, como pesam tanto esses pedacinhos do mundo que todos se vão ao fundo e nos levam a alma após si?[92]

91. I, 127.   92. II, 401.

O encanto desta imagem decorre, provavelmente, do fato de serem de argila, isto é, de terra, os pedacinhos do pote quebrado, portanto da mesma substância que os alqueires de terra por causa dos quais os homens se perdem. Entre as duas partes do texto, a que mostra os homens se entredevorando por um pedaço de terra e a que nos apresenta a imagem, intercala-se uma expressão que tanto se aplica a uma como a outra e que salienta esta identidade: "Barro alfim". "Finalmente tudo é argila", esta palavra "argila", na Bíblia, significa também "terra". O referente da imagem e o do conceito são o mesmo, os pedaços do pote e os da terra são uma única realidade.

Há numerosas espécies de identidades possíveis entre imagem e conceito. A que acabamos de analisar não é a mesma que encontramos num trecho dedicado à morte do príncipe Teodósio:

> Ele subiu aonde o levava a vida, que sempre concordou com a fé; e nós ficamos chorando em perpétua saudade o engano de medirmos os seus anos com os nossos desejos, e os espaços da sua vida com os da nossa esperança. Se retratássemos em um quadro a figura deste enigma, veríamos que em diferentes perspectivas os escuros faziam os longes, e os claros, os pertos. Mas se chegássemos a tocar com a mão a mesma pintura, acharíamos que toda aquela diversidade que fingem as cores não é mais que uma ilusão da vista e um sonho de olhos abertos, e que tanto o remontado dos longes como o vizinho dos pertos, tudo tem a mesma distância[93].

Esta imagem se inclui na categoria das imagens diagramáticas, pois constitui uma relação entre relações. Possui, no entanto, ainda outra realidade. Uma pintura, sobretudo na época barroca, é um efeito de ilusão: de real só tem a aparência. E, considerada sob este ponto de vista, é mais real que a própria vida, que é ilusória sob aparências de verdade: "La vida es sueño", etc. A imagem adquire toda a sua realidade à luz desta reflexão de Vieira, a propósito da imagem do mundo que o diabo expôs no deserto aos olhos de Cristo:

> Mais verdadeiro e mais próprio mundo era este mundo aparente que o mundo verdadeiro; porque o mundo aparente eram aparências verdadeiras, e o mundo verdadeiro são as aparências falsas.

Neste contexto, a pintura deixa de ser uma imagem, é a própria realidade.

Acabamos de apresentar exemplos em que a consubstanciação de dois termos, imagem e conceito, decorre de certa maneira da natureza das coisas, tais quais são ou tais quais apa-

---

93. IV, 210-1.

recem ao autor. Se nos colocamos sob este ponto de vista, a identidade entre imagem e conceito é espontânea, quase automática. Há, porém, uma série de outros casos em que o ensinamento decorre do magistério do próprio Deus ou da Igreja.

No admirável Sermão do Pó, Vieira nos diz que os vivos são o pó em redemoinho, levantado pelo vento, e os mortos são o pó aquietado, imóvel. Será uma imagem de retórica? Não:

> Não cuide alguém que isto é metáfora ou comparação, senão realidade experimentada e certa. Formou Deus de pó aquela primeira estátua que depois se chamou corpo de Adão. Assim o diz o texto original: *Formavit Deus hominem de pulvere terrae*. A figura era humana e muito primorosamente delineada, mas a substância ou a matéria não era mais que pó. [...] Chega-se, pois, Deus à estátua, e que fez? *Inspiravit in faciem ejus*. Assoprou-a. E tanto que o vento do assopro deu no pó, eis o pó levantado e vivo: já é homem, já se chama Adão. Ah pó, se pararas e te aquietaras aí! Mas pó assoprado e com vento, como havia de aquietar?[94]

É, portanto, o próprio Vieira que nos adverte: isto não é uma metáfora ou comparação, é a própria realidade. O homem não *é como* o pó e o vento, *é* pó e vento, pois isto está dito na Escritura. O que não impede de usar este pó e este vento, desligados do contexto, como bem lhe parece para o desenvolvimento do discurso.

A maior parte, talvez, das imagens de Vieira são tiradas da Escritura e desenvolvem uma narração, tomada como tal — como no caso do pó e do vento — ou uma "figura", isto é, uma narrativa à qual o ensinamento da Igreja atribuía sentido "alegórico". Não é agora ocasião para estudar a teoria e a prática das figuras. Quero apenas salientar como o nosso autor se prevalece do texto sagrado e da exegese tradicional para formular explicitamente a identidade entre imagem e conceito.

Todo o Sermão do primeiro Domingo da Quaresma de 1655 se desenvolve em torno da imagem da balança, de que Vieira tira efeitos surpreendentes:

> Nestas balanças, que são como as de São Miguel em que se pesam as almas, de uma parte está a alma, da outra parte o mundo; de uma parte está o temporal, da outra o eterno; de uma parte está a verdade, da outra a vaidade. E porque nós pomos o nosso afecto e o nosso coração da parte do mundo e da vaidade, esse afecto e esse coração é o que dá à vaidade do mundo o peso que ela não tem, nem pode ter. [...] De maneira que o peso não está nas cousas, está no coração com que as amava[95].

Para justificar a imagem, bastaria esta reflexão de que o "peso" das coisas não está nelas, mas no afeto que lhes dedicamos.

---

94. II, 175-6.   95. II, 389.

Mas a esta realidade, de certa maneira imanente, que lhe advém da expressão "peso do coração", acrescenta-se outra, por uma imposição externa. Segundo o ensinamento tradicional da Igreja: existe realmente a balança das almas, a balança de São Miguel, no dia do Juízo Final, reproduzida com freqüência pela escultura gótica.

Também numa balança nossa alma foi pesada: a Cruz, na qual, à custa de sua morte, Cristo a resgatou. Isto demonstra que uma alma não pesa menos que o próprio Deus. Aqui a aproximação entre balança e Cruz parece inspirar-se numa semelhança puramente visual, o que a tornaria menos convincente. Esta imagem, porém, também nos é *ensinada* pelo texto sagrado e seus exegetas. No Antigo Testamento, há referências a várias balanças, interpretadas como figuras da Cruz, e a Igreja, num canto litúrgico, fala-nos de Cristo crucificado como de uma *statera facta corporis*[96].

A autoridade de Deus e de sua Igreja dá, pois, à balança, assim como ao pó e ao vento, um valor maior que o de uma imagem literária. No comentário, Vieira faz ressaltar este ensinamento, de que resulta serem as imagens aparentes as próprias coisas de que fala.

Mas as relações entre imagem e conceito são um pouco mais complexas que estes exemplos parecem sugerir. Primeiro, nem sempre a identidade entre uma e outro é expressa, mesmo nas exposições dogmáticas dos mistérios da fé. Em seguida, apesar de ser uma identidade, ela não o é, de tal maneira que, tendo a mesma substância que o conceito, a imagem nunca se confunde com ele.

Para explicar a um filósofo o mistério da Eucaristia, Vieira emprega um objeto físico, um espelho:

> Tome o filósofo nas mãos um espelho, e veja-se nele e verá uma só figura. Quebre logo esse espelho, e que verá? Verá tantas vezes multiplicada a mesma figura quantas são as partes do cristal. [...] Pois assim como um cristal inteiro é um só espelho, e dividido são muitos espelhos, assim aquele círculo branco de pão, inteiro é uma só hóstia e partido são muitas hóstias. E assim como se parte o cristal sem se partir a figura, assim se parte a hóstia sem se partir o corpo de Cristo. [...] Porque tudo o que no cristal se vê como por vidraças é o que no sacramento se passa com as cortinas corridas. Assim como no cristal se vê, por milagre manifesto da natureza, o todo sem ocupar mais que a parte, a divisão sem destruir a inteireza e a multiplicação sem exceder a singularidade, assim na hóstia, com oculta e sobrenatural maravilha, o mesmo corpo de Cristo é um e

---

96. II, 393. Os textos onde a balança aparece como a figura da Cruz são indicados no X, 3.

infinitamente multiplicado e dividido, e sempre inteiro; e tão todo na parte como no todo[97].

Notemos que Vieira não faz uma comparação, dá um argumento. O que acontece com o espelho ajuda a crer no que acontece com o corpo de Cristo, pois é a mesma coisa. E, no entanto, o espelho não é o pão sagrado. São duas coisas distintas, que, no entanto, têm entre si uma relação tal que o que é verdadeiro para uma também o é para a outra.

Para resolver esta contradição e compreender o argumento de Vieira, é preciso ter em mente a velha doutrina cristã das relações entre a Natureza e a Graça. Deus deu aos homens três "leis" sucessivas: a da Natureza, a da Escritura e a da Graça. As duas primeiras prenunciam a terceira, instaurada pela vinda de Cristo ao mundo. Eis por que as coisas da Natureza, como as narrativas e preceitos do Antigo Testamento, são "figuras" das verdades da fé. Vieira se refere a esta doutrina no mesmo sermão em que nos dá o exemplo do espelho quebrado:

> Os profetas, que foram os que pregaram e ensinaram os mistérios da Fé aos homens, não os mandou Deus ao mundo no tempo da lei da Natureza, senão no tempo que se seguiu depois dela, que foi o da Escrita. E porquê? Douta e avisadamente Tertuliano: *Praemisiti tibi naturam magistram et prophetiam, quo facilius crederes prophetiae discipulus naturae.* Deu Deus primeiro aos homens por mestra a Natureza havendo-lhes de dar depois a Profecia, porque as obras da Natureza são rudimentos dos mistérios da Graça[98].

A teoria das "figuras" tem valor não somente no Antigo Testamento como também na própria Natureza. As figuras, como se sabe, não são aparências, metáforas, ou imagens de outras coisas. Têm existência própria: as personagens e acontecimentos de que fala o Antigo Testamento são realidades históricas. A palavra "alegoria" para um comentador de Homero não tem o mesmo sentido que para um comentador da Escritura[99], as personagens e acontecimentos são, além do que são, outra coisa ainda: exprimem uma realidade que está fora deles. Têm dois planos de sentido[100]. Isto também é verdadeiro em relação à

---

97. VI, 98-9. 98. VI, 105-6.
99. Como muito bem o mostrou o Padre Henri Lubac, *Exégèse médiévale — Les quatre sens de l'Écriture.* 1ª parte, vol. II, p. 515.
100. A estes dois planos correspondem os quatro sentidos, cuja melhor explicação ainda é a de São Tomás: "Per hoc quod dico *Fiat lux* ad litteram de luce corporali, pertinet ad sensum litteralem. Si intelligatur *Fiat lux*, id est nascatur Christus in Ecclesia, pertinet ad sensum allegoricum. Si vero dicatur *Fiat lux*, id est per Christum introducamur ad

natureza. O que acontece com o espelho quebrado não é uma ilusão nem tampouco um simples símbolo. É um fenômeno físico existente em si, mas ao mesmo tempo uma coisa diversa no plano da Graça. Compreendendo os fenômenos da Natureza, compreendem-se melhor os mistérios da Fé.

Esta teoria nos mostra como a imagem, permanecendo imagem, é, ao mesmo tempo, conceito. E isso não é verdadeiro apenas para as "figuras" da Fé. Observamos como de fato a imagem do espelho quebrado se encaixa perfeitamente na definição que demos de imagem diagramática. O autor estabelece, ponto por ponto, a correspondência entre seus elementos e os da concepção da Eucaristia: a identidade e a indivisibilidade da figura refletida tanto no espelho inteiro como em suas partes; a multiplicação das presenças pela multiplicação dos fragmentos do todo; a divisão que não afeta a integridade; o fato de qualquer parte conter o todo, etc.

Talvez esta análise nos leve a concluir que há duas espécies de figuras: as que têm força de autoridade, ensinadas por Deus e pela Igreja, ou ainda salientadas pelo exegeta, quando aplica as regras do método alegórico (a que voltaremos); e as que se podem descobrir na contemplação da Natureza (e também da História). O que as diferencia é que estas, contrariamente àquelas, estão de certa maneira nas coisas: basta ler a Natureza para que se revelem. O que umas e outras têm de comum é o próprio fato de serem figuras, isto é, de terem um ser único, que se manifesta em dois planos distintos: o da sua existência própria e o da existência do conceito. Têm a substância do próprio conceito, apesar de não se confundirem com ele.

Essas formas diferentes, que correspondem à existência, em dois planos distintos, de uma mesma substância, podem ser designadas por uma palavra bem conhecida na literatura, "correspondências".

E. A imagem e o discurso

Já chamamos a atenção para o processo de desenvolvimento das metáforas que permite, no discurso de Vieira, passar de um conceito a outro. O que é verdadeiro para as metáforas também o é para as imagens desenvolvidas. Passa-se assim de um pensa-

---

gloriam, pertinet ad sensum anagogicum. Si autem dicatur *Fiat lux*, id est per Christum illuminemur in intellectu et inflammemur in affectu, pertinet ad sensum moralem". Citado por Lubac, *op. cit.*, p. 644.

mento a outro como também de uma imagem a outra: no encadeamento do discurso, imagem e conceito se equivalem.

Antes da instituição da devoção das Quarenta Horas, diz-nos Vieira, Lisboa era teatro de desordens e tumultos; a exposição pública do Santíssimo Sacramento pacificou-os. "Vejamos num espelho fabuloso a causa de tão estranha mudança." E Vieira transcreve o célebre trecho da *Eneida* que nos mostra Netuno acalmando a tempestade que quase acarretou a morte de Enéias:

> *Ac veluti in populo cum saepe coorta est*
> *Saeditio, saevitque animis ignobile vulgus,*
> *Jamque faces et saxa volant, furor arma ministrat:*
> *Tum pietate gravem ac meritis si forte virum quem*
> *Conspexere, silent, arrectisque auribus adstant.*

Em vez de traduzir simplesmente o texto, Vieira o desenvolve:

> Todos puxam pelas armas, e são armas tudo o que de mais perto se oferece às mãos: chovem os golpes, voam as pedras; uns ferem, outros caem; todos correm e acodem sem saber a quem, uns incitados de ódio e da ira, outros sem ira nem ódio. Tudo é grito, tudo desordem, tudo confusão. No meio, porém, deste tumulto popular, se aparece uma personagem de grande autoridade e respeito, no mesmo ponto abatem todos as armas, embainham as espadas, aparta-se, sem outra violência, a briga, e não há quem se mova.

Não é uma imagem, mas uma descrição do que se passava em Lisboa. No texto de Virgílio, o tumulto popular é imagem da tempestade; no texto de Vieira é a tempestade que se torna imagem dos tumultos de Lisboa:

> Que era Lisboa, que era o mundo nestes dias, senão um mar tempestuoso e uma tormenta desfeita? Soltava-se a gula, desenfreava-se a ira, libertava-se a injustiça, desbaratava-se o siso. E com estes quatro ventos tão soltos e furiosos, que ondas se não levantavam, entre os homens, de afrontas e injúrias mal sofridas?[101]

A equivalência é estabelecida entre os tumultos e a tempestade pela operação que pode ser assim descrita esquematicamente:

Texto de Virgílio: Tempestade (significado)
Tumulto (significante)

---

101. II, 145-6. A devoção das Quarenta Horas, instituída pelos jesuítas, consiste na exposição pública do Santíssimo Sacramento durante os quatro dias de Carnaval.

Texto de Vieira: Tempestade (significante)
                   Tumulto (significado)

Nesta proporção, tomando os dois termos extremos, tem-se:

Tempestade (significado) = Tumulto (significado)

ou os termos médios:

Tumulto (significante) = Tempestade (significante)

o que vem a dar no mesmo, e pode exprimir-se pelo enunciado: o tumulto é a tempestade; ou pela recíproca: a tempestade é o tumulto.

Ora, esta operação tem uma finalidade. É pela identificação entre tempestade e tumulto que Vieira chega a uma outra etapa do discurso, pois há, no evangelho de São Mateus, outra tempestade, amainada não por Netuno, mas por Cristo. Do verso virgiliano, ... *silent arrectisque auribus adstant*, pode-se passar para o texto do evangelista: *Qualis est hic, quia venti et mare obediunt ei?* Esta segunda tempestade representa ainda os tumultos de Lisboa. No entanto, como se encontra no texto sagrado, torna-se uma "figura" e nos explica de certo modo o acontecimento que ocorreu quando foi instituída a devoção das Quarenta Horas. Passa-se de uma imagem a outra (de tempestade a tempestade) por intermédio de um conceito (tumulto). Mas também se passa de um conceito a outro por intermédio de uma imagem, pois tumulto e tempestade são ao mesmo tempo significantes e significados.

Assinalemos, de passagem, a aproximação que existe entre o texto sagrado e o de um poeta pagão, em relação a uma personagem de fábula, pois as ficções dos antigos são também "figuras". O próprio Vieira, referindo-se a Tertuliano, nos lembra esta doutrina medieval:

As fábulas dos Gentios, se bem se consideram, são uns arremedos, são umas semelhanças, são umas imagens ou imaginações dos mistérios dos Cristãos[102].

Tanto quanto a análise de um conceito, o desenvolvimento de uma imagem pode servir de base a um parágrafo, às partes de um discurso e até mesmo a um discurso inteiro.

Vimos, por exemplo, como a imagem da estátua de metal fundido dá ao orador a possibilidade de chegar ao enunciado

---

102. IV, 95.

de uma verdade psicológica. No Sermão da Sexagésima, outra imagem — céu estrelado — possibilita o acesso a novo assunto. As palavras são as estrelas; o desenvolvimento e a composição do sermão são a ordem, a harmonia e o movimento dessas mesmas estrelas. Notemos que têm uma disposição semelhante à dos grãos que o semeador da parábola lança à terra. Por isso se diz que o céu é semeado de estrelas. É uma ordem natural, em oposição à ordem artificial do mosaico. Introduz-se assim novo tema, e o pregador censura então os confrades que se consideram "cultos" e elaboram o sermão como um "xadrez de palavras". Mostra-lhes como, para ter elevação, o sermão não precisa ser incompreensível. As estrelas são muito luminosas e muito altas, tão luminosas que o lavrador e o marinheiro, ambos incultos, as compreendem bastante para delas se servirem no amanho da terra e na direção dos navios; e tão altas que os matemáticos, que tudo leram, não chegam a esgotar-lhes o conhecimento.

É assim que, atravessando a imagem, o pregador desemboca em novo terreno. Às vezes, também, é a contestação da imagem que abre o caminho:

> Dizem que os que governam são espelho da república. Não é assim, senão ao contrário. A república é o espelho dos que a governam. Porque assim como o espelho não tem acção própria e não é mais que uma indiferença de vidro, que está sempre exposta a retratar os movimentos de quem tem diante, assim o povo ou república sujeita, se se move ou não se move, é pelo movimento ou sossego de quem a governa[103].

É pondo em causa a validade da imagem que nosso orador chega à conclusão de que os governos coloniais são os responsáveis pelas dificuldades da população.

É processo muito comum em Vieira e por nós já conhecido a composição de todo um conjunto segundo o molde de uma imagem. Salientemos, no entanto, toda a parte do Sermão de São Lucas em que descreve a medicina através de comentários das diversas partes de uma árvore[104]: remédios, águas medicinais, bálsamos, proveniências, efeitos ordenam-se em torno das raízes, tronco, galhos, folhas, sombra desta árvore criada para compensar o mal causado ao homem pela árvore do Paraíso.

Toda a matéria do segundo Sermão do Santíssimo Sacramento se ordena em torno de uma dupla imagem. O autor mostra primeiro, por meio de curiosa análise de textos, que, pela Encarnação, Deus se "esvaziou" de sua divindade; e que, pela instituição da Eucaristia, Deus inversamente "encheu" o pão sagrado com sua divindade. Por outro lado, segundo São João,

---

103. II, 52-3.   104. VIII, 405-9.

Cristo disse, em relação ao milagre da multiplicação dos pães, que Deus "imprimira o seu sinete" no pão da vida eterna. Ora, no sinete é escavado aquilo que, na matéria por ele marcada, deve sair em relevo. O "esvaziamento" pela Encarnação produz o "escavado" na divindade, que corresponde, nas hóstias, ao relevo da divindade de que ela se "cumulou". Estabelecida a proporção, o sermão será o comentário dos sete "côncavos" da divindade — os seus sete atributos — e dos sete relevos que, no sacramento, lhe correspondem[105]. Vieira faz também uma digressão sobre o "horror da natureza" pelo vazio. Na peroração, muda o significado da imagem: é preciso que na alma do cristão o vazio criado pelo pecado seja preenchido pela Graça.

Este trecho nos parece um pouco engenhoso demais, mas dá um bom exemplo da propriedade, que tem a imagem, de integrar o discurso. Notemos que, segundo Vieira, foi o próprio Deus que quis usar esta "metáfora." para nos fazer compreender o mistério da Eucaristia[106].

F. Conclusão

Os exemplos e as observações que acabamos de fazer mostram bem que a definição clássica de imagem não se aplica às imagens "engenhosas" de Vieira. Nele, é variável e ambígua a relação entre imagem e conceito, que ora se distinguem ora se confundem. Tanto como para as palavras, muitas vezes é difícil captar o ser protéico da imagem.

No entanto, é evidente que, em muitos casos, ela desempenha um papel tão importante quanto o próprio conceito. Através da imagem, o conceito se revela e se desenrola diante de nós; ou, pelo contrário, é o conceito, a serviço da imagem, que lhe analisa o sentido. Esta igualdade de estatuto, se assim se pode dizer, faz com que o discurso progrida e avance, passando de conceito a imagem e de imagem a conceito. Além do mais, a imagem permanecendo sempre imagem e o conceito, conceito, um pode transformar-se no outro, o que dá à imagem a possibilidade de abrir ao conceito um caminho que provavelmente um e outro não encontrariam com os próprios recursos. Multiplicam-se assim infinitamente os encadeamentos possíveis do discurso.

Esses processos, que podem parecer arbitrários, têm, no entanto, formas ou, melhor, aparências rigorosas. A correspondência entre imagem e conceito não é apenas uma aparência

105. VI, 2 e ss.   106. VI, 7.

sensível e superficial: é uma igualdade entre essências. O que relacionamos é, de um lado, o conceito e, de outro, a estrutura de um objeto, de um fato ou de um movimento. Aliás, esta correspondência tem, como alicerce ideológico, a crença de que a realidade é constituída de tal maneira que a mesma substância se apresenta sob aspectos diferentes. É esta substância que cumpre procurar nas imagens, e é por ela que as imagens se revezam com os conceitos ou podem permutar entre si.

Este cuidado com a exatidão, evidentemente, não limita de maneira alguma a liberdade do autor, como suas atitudes de gramático e de etimólogo não o impedem — até ajudam — de quebrar a unidade do signo. Tanto num como noutro caso, defrontamo-nos com uma metamorfose incessante, só possível porque foi abolida a relação biunívoca entre significante e significado. Assim como a palavra é usada ora pelo significado ora pelo significante, a imagem, um significante no discurso clássico, pode tornar-se, no discurso engenhoso, um significado e o conceito, por sua vez, um significante.

A imagem, em vez de ser um ornamento às margens do discurso, passa a ser um elo que não se pode tirar sem quebrar a corrente. Não é um desvio dispensável, mas uma etapa na estrada real da demonstração.

III. AS PROPORÇÕES[107]

A. O problema

No discurso clássico, supomos que a ordem das frases é a ordem da matéria exposta, quer se trate de um raciocínio, de uma narrativa, de uma descrição, ou mesmo da expressão de uma afetividade. Sabemos, é claro, que nem sempre isso é possível. A expressão é uma análise, mas muitas vezes temos de desenrolar no tempo o que é instantâneo; de fragmentar o contínuo; de escolher um ponto de partida arbitrário no que não tem começo ou fim. Esforçamo-nos, no entanto, para nos adaptar, tanto quanto possível, à matéria que tomamos como assunto. Na teoria, a ordem do discurso não tem existência própria, não

---

107. Tirei este termo "proporção" de Gracián, *Agudeza y arte de ingenio*, onde ele o emprega freqüentemente. Vieira também o emprega, como se verá adiante, p. 236. Gracián, no sentido contrário, usa "improporção", que sugiro substituir por "desproporção". Matteo Peregrini designa o mesmo conceito pela palavra "acconceza".

obedece a uma regra que lhe seja intrínseca. O seu desenvolvimento corresponde ao desenvolvimento da idéia. Se num discurso encontram-se repetições, oposições que nos fazem pensar numa espécie de geometria, é porque esta geometria existe no exterior do discurso que apenas a reproduz. Ele não é uma arquitetura, mas uma sucessão — pelo menos em termos ideais — sem estrutura própria. O limite para o qual converge o discurso clássico é, se assim se pode dizer, o estado amorfo de uma linguagem que já não pretende organizar-se em sistemas cristalinos.

Ora, observamos no discurso de Vieira, que, a cada momento, uma frase chama outra, acomodando-se a ela numa espécie de equilíbrio próprio. Cada enunciado parece ter necessidade de um contraditor, cada palavra de uma contrapalavra, de tal maneira que o discurso se apresenta a nós como uma sucessão de unidades proporcionais.

Os Portugueses, *lux mundi*, chegaram em seus navios aos antípodas, possibilidade esta negada até mesmo por um espírito tão profundo como Santo Agostinho. Assim expressou Vieira esta idéia:

Grande glória [...] da nossa nação, que chegassem os Portugueses a dar fundo com as âncoras onde Santo Agostinho não achou fundo com entendimento; que chegassem os Portugueses a fazer possível com o valor o que no maior entendimento era impossível[108].

Encontramos, de início, no texto, duas frases paralelas introduzidas por "que chegassem". A segunda, com algumas variantes, repete a idéia contida na primeira. Temos aí uma construção por repetição paralelística, análoga, de certa maneira, à de algumas séries de versículos bíblicos. Notemos, no entanto, que não é uma simples redundância, mas uma progressão, pois a segunda frase intensifica o conteúdo da primeira. Este processo estilístico, no entanto, está fora do campo do nosso estudo.

O que nos interessa no texto em questão é a estrutura de cada uma das duas frases geminadas, a proporção estabelecida pelo autor entre as âncoras dos portugueses e a inteligência de Santo Agostinho, entre o possível e o impossível. A relação entre "âncora" e "entendimento" está realçada pela palavra "fundo", empregada em dois sentidos diferentes.

Todos os sermões de Vieira nos mostram a importância no seu discurso, deste gênero de processo. Temos um exemplo particularmente significativo no sermão das Lágrimas de São Pedro, baseado quase inteiramente em duas proporções: ver e

---

108. VII, 73.

chorar, entrar e sair, reforçadas às vezes por outras que com elas têm afinidades: dentro e fora, pecador e arrependido. Quase todas as frases deste sermão podem reduzir-se a esquemas repetitivos e oposicionais.

> De maneira que são os olhos [...] duas fontes, cada uma com dois canais e dois registros: um canal que corre para dentro e se abre com o registro do ver; outro canal que corre para fora e se solta com o registro do chorar. Pelos canais que correm para dentro, se os registros se abrem, entram os pecados; pelos canais que correm para fora, se os registros ou presas se soltam, saem as lágrimas. E pois as correntes dos pecados entram pelos olhos vendo, justo é que as correntes das lágrimas saiam pelos mesmos olhos chorando[109].

Estas mesmas proporções voltam insistentemente em todo o decorrer do sermão, quer se trate de narrativas bíblicas, de ensinamentos ou de apelos aos ouvintes. Vejamos, por exemplo, a interpretação de um texto referente ao pecado de Adão e Eva:

> Criou Deus os olhos humanos com as portas do ver abertas, mas com as portas do chorar fechadas. Viram e pecaram. E o pecado, que entrou pelas portas do ver, saiu pelas portas do chorar. Estas são as portas dos olhos que se abriram. *Aperti sunt oculi eorum*[110].

À aventura de Jonas:

> Entrou Jonas pela boca da baleia pecador, saiu Jonas pela boca da baleia arrependido[111].

O sermão finaliza com um pedido, a Deus, de ajuda:

> Fechai-nos estes olhos para que não vejamos as vaidades e loucuras do mundo. Abri-nos estes olhos para que se desfaçam em lágrimas por vos terem negado e por vos terem tanto ofendido.

E a São Pedro:

> ... para que, chorando o que só devemos chorar, vejamos finalmente o que só devemos desejar ver, que é a Deus nessa glória[112].

Pares semelhantes encontram-se com freqüência nos Sermões. Dia e noite, sol e lua, terra e céu, água e fogo, grão e fruto, se repetem incessantemente. Assim também os pares que se inspiram no corpo humano (cabeça e pés, cabeça e mãos, mãos e pés, olhos e ouvidos), nas propriedades dos corpos (claros e agudos), nos movimentos (subir e descer, entrar e sair), etc. Poder-se-ia continuar indefinidamente. Seria, no entanto,

109. V, 103.   110. V, 99.
111. V, 103.   112. V, 116-7.

preciso multiplicar estas oposições, que já parecem preparadas para o discurso, por todas aquelas que o autor fabrica valorizando encontros de palavras, textos ou situações de toda espécie.

Não se trata de simples antíteses ou de simples analogias simétricas, mas de estruturas mais complexas e mais dinâmicas, às vezes em vários planos, cujas partes, interligadas por relações múltiplas, constituem uma unidade que, como tal, desempenha um papel no encadeamento do discurso. É claro que há proporções mais ou menos complexas e pode-se considerar a estrutura simétrica da antítese e da analogia como o primeiro degrau desta escada.

B. *Formas de proporção*

De acordo com as relações existentes entre os termos, pode-se distinguir vários tipos de proporção. Não pretendo classificá-los todos, mas apenas assinalar algumas possibilidades para melhor caracterizar a proporção em geral.

Uma proporção tanto pode ressaltar uma igualdade e uma analogia, como uma oposição e uma desigualdade. Usarei para a segunda possibilidade a designação de "desproporção", dando a este termo a significação de "relação proporcional de diferença".

Eis um exemplo da proporção da analogia e igualdade:

> Todos os santos [...] dizem que assim como do lado de Adão dormindo tirou Deus a costela de que formou a Eva, assim do lado de Cristo morto saíram os sacramentos de que formou a sua Esposa, a Igreja[113].

Estabelece-se uma relação entre Adão e Cristo, entre aquele que dorme e aquele que está morto, entre Eva, esposa de Adão, e a Igreja, esposa de Cristo.

Porém esta igualdade não é obrigatoriamente matemática. Um dos termos pode ser menor que o outro, igualando-o apenas qualitativamente, se assim se pode dizer, ou melhor tendencialmente. É dessa maneira que Vieira, parafraseando um pensamento de Santo Agostinho: *Diu fuit exspectandus, semper tenendus*, nos explica por que o Messias se faz esperar tanto tempo:

> Era bem que fosse muito tempo esperado um bem que havia de ser sempre possuído[114].

"Bem" assinala a analogia entre "muito tempo" e "sempre".

---

113. II, 153.   114. I, 323.

Citemos agora uma relação simples de desproporção. Vieira nos fala do destino dos portugueses que, tendo por berço um território restrito, se espalham pelo mundo inteiro:

> Nascer pequeno e morrer grande é chegar a ser homem. Por isso nos deu Deus tão pouca terra para o nascimento e tantas para a sepultura. Para nascer, pouca terra, para morrer, toda a terra. Para nascer, Portugal, para morrer, o Mundo[115].

Por vezes a desproporção ressalta uma diferença de grau. O corsário Muley Amet, apoderando-se de um navio de cristãos, obrigou-os a adorar a estátua de Vênus. Os que se recusaram foram martirizados e os outros tornaram-se renegados.

> Agora pergunto: E se aquele cristão que por força e contra sua vontade adorou Vênus em uma estátua de mármore é renegado, que diremos daqueles que, não por força, senão muito por sua vontade e por seu gosto, adoram a mesma Vênus, não em uma estátua de mármore, mas em outras que não são de pedra?[116]

Um outro caso de desproporção é aquele em que os termos do primeiro membro são repetidos no segundo, mas com uma alteração que faz com que se destaque a diferença pela própria semelhança:

> O trigo que caiu na boa terra nasceu e frutificou; o trigo que caiu na má terra não frutificou, mas nasceu[117].

A tônica dada à expressão "mas nasceu" mostra que a palavra de Deus nunca deixa de produzir efeito.

Temos também nesta citação um outro processo proporcional muito freqüente em Vieira: a inversão da ordem dos termos, de que daremos um exemplo perfeito:

> Em vez de o Batista vir do deserto à corte a pretender a dignidade, a dignidade foi da corte ao deserto a pretender o Batista[118].

Os sintagmas dos dois membros da frase estão dispostos:

1.2.3.4.5.6.
6.5.4.3.2.1.

A proporção invertida presta-se tanto a estabelecer a desigualdade como a igualdade, como vemos nesta curiosa comparação a respeito da degolação de São João Batista:

---

115. VII, 68-9.
116. IV, 196.
117. I, 12.
118. I, 217.

Nesta grande tragédia do maior dos nascidos, fazem o primeiro e o segundo papel dous homens, que também nasceram grandes: um, Herodes, outro, Filipe; um, rei, outro, seu irmão; um, sem honra, outro, sem consciência; um, casado, mas sem mulher, outro, com mulher, mas não casado[119].

Neste último par de membros, não só os termos estão invertidos como também mudam de sinal, o termo positivo torna-se negativo, e reciprocamente. Não fica, pois, alterada a igualdade estabelecida desde a primeira frase.

A disjunção (um/outro) é uma das relações gramaticais possíveis entre os dois termos postos em proporção, como vimos neste mesmo exemplo. Mas encontramos ainda outras: conseqüência (se, tanto), a comparação (assim como, tanto). Na prática qualquer conjunção pode servir para ligar a proporção. Encontramos, porém, algumas, cuja relação é estabelecida pela simples justaposição, como vimos no texto inspirado pela parábola do Semeador.

C. Os termos da proporção

Podem-se pôr em proporção coisas, conceitos, imagens e palavras. É evidente que tudo é expresso por palavras, mas estas podem ser tomadas como significantes ou como significados. É no segundo caso que se pode falar de proporção entre palavras. Por outro lado, um significado pode ser tomado como significante de outro siginificado: é o caso da imagem. Quando falamos em "coisas", referimo-nos a conceitos de objetos materiais ou de processos físicos.

Vejamos uma relação entre coisas. Vieira, parafraseando um texto de São Máximo, comenta a queda de Simão, o mago, que tentou voar para provar a sua divindade:

Não se contentou Simão com os pés que Deus e a Natureza lhe tinham dado para voar; pois fique privado, não só das asas, para que não voe, senão também dos pés, para que não ande. E para que mais? Para pregão a Roma e a todo o mundo que quem quer poder mais do que lhe convém, perde o que quer e o que tem[120].

Há primeiro uma relação entre pés e asas, depois entre poder e querer — esta última relação é lição da primeira.

Outro exemplo, que me parece muito típico, foi inspirado por Santo Agostinho, uma das principais fontes, não somente literárias, mas também estilísticas de Vieira:

119. VIII, 226.   120. II, 106.

Observou Santo Agostinho que nasceu Cristo em Dezembro, quando começam a crescer os dias, e São João Baptista em Junho, quando começam a minguar [...] porque a fama do Baptista havia a diminuir-se e a de Cristo aumentar-se, em cumprimento do que o mesmo São João tinha profetizado: *Illum opportet crescere, me autem minui*[121].

As relações entre coisas nos exemplificam muitos mistérios. A bandeira portuguesa, desenhada segundo as instruções dadas pessoalmente por Cristo ao primeiro rei de Portugal, tem cinco escudos ou "quinas", cada um com pequenos círculos esmaltados que no conjunto representam os trinta dinheiros com que Judas traiu o Mestre: *Ex praetio quo ego genus humanum emi et quo a Judaeis emptus sum, insigne tu compones*[122]. O texto, que refere as palavras de Cristo ao rei, corresponde à passagem em que São Mateus conta o uso que os judeus fizeram daquele dinheiro: *Emerunt ex eis agrum figuli in sepulturam peregrinorum*. Que significa esta "proporção" entre os dois usos dos trinta dinheiros? Vieira acha uma resposta:

E que proporção tem o escudo de Portugal com o enterro dos peregrinos, para que o preço de um seja esmalte do outro? Grande proporção. Quis Deus que o preço da sepultura dos peregrinos fosse o esmalte das armas dos Portugueses para que entendêssemos que o brasão de ser português era obrigação de morrer peregrino: com as armas nos obrigou Cristo a peregrinar e com a sepultura nos obrigou a morrer[123].

Neste trecho, surpreendemos Vieira estabelecendo uma proporção com os elementos concretos que lhe oferecem os dois textos. Salienta que os trinta dinheiros são, de um lado, o brasão dos portugueses, de outro o preço da sepultura dos peregrinos. Desta constatação estabelece a primeira proporção: sepultura dos peregrinos = brasão dos portugueses. Desenvolve e exemplifica em seguida esta primeira proporção por meio de duas outras proporções.

No que respeita ao papel das imagens nas proporções, já falamos das imagens cujos elementos se confrontam simetricamente com os dos conceitos. Podem ser denominadas "proporcionais".

Às vezes os dois membros deste gênero de proporção são ligados pela conjunção "assim como".

Os olhos vêem pelo coração; e assim como quem vê por vidros de várias cores, todas as cousas lhe parecem daquela cor, assim as vistas se

---

121. II, 88.
122. Estas notas, saídas da fantasia de Bernardo de Brito, tinham para Vieira e seus contemporâneos o valor de um texto sagrado.
123. VII, 68.

tingem dos mesmos humores de que estão, bem ou mal, afectos os corações[124].

"Cores" corresponde a "humores", "vidros" a "corações" e o vínculo entre os dois é estabelecido por "tingem", palavra que se refere à pintura, empregada metaforicamente, em relação a "humores".

Ainda que intimamente ligados, os dois termos desta proporção não têm o mesmo valor: os vidros coloridos aparecem como significante de humores do coração. Em outros casos, porém, não existe esta diferença: uma imagem situa-se no mesmo plano que aquilo que representa o papel de significado.

Referindo-se à exposição pública do Santíssimo Sacramento por meio da qual os jesuítas teriam conseguido refrear as manifestações ruidosas que ocorriam em Lisboa, durante o Carnaval. Vieira diz:

E quando os apóstolos da primeira companhia de Jesus, na tempestade de Tiberíades, que era um lago, tiveram tão pouca fé, a dos apóstolos da segunda companhia do mesmo Jesus [...] foi tão animosa e tão firme que, sendo a tempestade maior que o mar e tão imensa como o mundo todo, creram, entenderam e supuseram com evidência que, para o mesmo Senhor a sossegar em um momento, não era necessário acordar, nem levantar-se, nem falar, nem mostrar-se visível, nem correr aquela cortina que o leito da barca não tinha, mas debaixo e coberto dela sair somente fora[125].

O pregador estabelece a proporção entre uma tempestade real, narrada por São Mateus, e uma metafórica, a do Carnaval. Na primeira, ocorrida no lago de Tiberíades, os Apóstolos, em pânico, acordaram a Cristo que, para acalmá-los, deu ordens ao vento. Na segunda, que se estendia pelo mundo inteiro, os Apóstolos (nome como eram conhecidos os jesuítas em Portugal) não se atemorizaram nem obrigaram Deus a se manifestar (pois o Santíssimo Sacramento permaneceu fechado no cibório). Existe, pois, uma desproporção flagrante entre as duas tempestades e as duas companhias de Apóstolos. Foi mais milagroso o amainar da tempestade de Lisboa e do mundo que a do lago de Tiberíades, e a fé dos jesuítas era maior que a dos companheiros de Cristo. A conclusão só foi possível porque se fez a proporção entre um acontecimento conhecido por narrativa direta e a imagem metafórica de um outro relato, e não com o próprio relato.

É desnecessário insistir no problema já conhecido por nós da equivalência entre imagem e conceito. No que se refere à palavra, já citamos algumas proporções, no primeiro parágrafo

124. IV, 107.   125. II, 147-8.

deste estudo. Limitar-nos-emos a lembrar os exemplos mencionados.

> Quantas vezes rende mais a Jacó a sua Rabeca que a Esaú o seu arco[126].

É a palavra "Rabeca" que atrai a palavra e o conceito "arco". Estabelece-se a proporção entre dois instrumentos que exprimem a desproporção dos meios de que dispunham Jacó e Esaú.

As duas palavras "vae" e "eu", postas em proporção, revelam-se opostas, não somente pelo sentido, mas também pela forma: são o inverso uma da outra[127]. Lembremo-nos de que se trata de uma proporção perfeita, estabelecida por meio de elementos tirados de textos diferentes, como aconteceu na proporção entre dois empregos do dinheiro de Judas:

> Só quem pudesse compreender aquele Ego entenderia bastantemente o que encerra este Vae. [...] Assim como o Eu significa o sumo bem, assim o Vae é uma suma de todos os males.

O que ficou evidente de tudo o que dissemos sobre o emprego que Vieira faz da palavra é que o significante, assim como o significado, só é isolado para receber novas significações ou para aproximar conceitos muito distantes. É por isso que ele tem papel preponderante na fabricação — se assim podemos dizer — das proporções.

Uma semelhança fônica é, por vezes, utilizada com este objetivo. Dois discípulos perguntam a Cristo onde morava e o Mestre lhes respondeu: *Venite et videte*. Baseado nestas palavras, que em português são muito parecidas, Vieira construiu uma série de proporções.

> O mal e a desgraça é que todos querem ver [o paraíso] e há muito pouco que queiram vir[128].

> Oh, como podem temer os que não são criados para ela [a glória] os que tão pouco fazem pela ver, ou tanto fazem pela não ver! De quantos deixaram o coração no Egito nenhum chegou a ver a terra da promissão, porque sem vir não há ver, e quem não vem de todo o coração não se move[129].

> Vinde, enfim, e vereis o que antes de vir se não pode ver[130].

---

126. III, 206.
128. III, 48.
130. III, 52.

127. Ver *supra*, pp. 15-6.
129. III, 51.

A semelhança-e-dessemelhança entre as palavras expressa a relação entre as obras e a glória eterna.

Na origem de muitas proporções, encontra-se, naturalmente, o sentido duplo de uma palavra. É, através dele, que no exemplo abaixo se realça a oposição:

> O dote da subtileza do céu faz que o lugar que ocupa cada um não impeça a passagem ao outro; e cá o emprego de todas as subtilezas é impedir aos outros para lhes ocupar o lugar[131].

"Subtileza" ou incorporalidade é um dos atributos dos corpos gloriosos, mas designa também agilidade de espírito, posta por muitos a serviço de interesses terrenos. Por outro lado, "lugar" significa, no primeiro membro da proporção, "espaço" e no segundo "emprego", "situação".

Conseguem-se, com este processo, efeitos complexos em frases muito curtas. Comentando o fim da narrativa da Mulher Adúltera, Vieira nos apresenta a seguinte proporção:

> As pedras que [os acusadores] traziam aparelhadas contra a delinqüente converteu-as cada um contra o seu peito, e os que tinham entrado tão zelosos começaram a se sair confusos. Saíram-se porque entraram na própria consciência[132].

Na narrativa, a palavra "sair" puxa "entrar". Mas "entrar na consciência" significa "acusar-se" e é graças a este duplo sentido que se estabelece a última proporção, a que dá a chave da narrativa precedente.

D. A proporção e o discurso

Organizar uma proporção já é organizar o discurso. É escolher na natureza, na história, na matéria literária, no tecido das palavras, as séries ordenadas para através delas estabelecer a analogia ou a oposição. No entanto, parece-nos necessário aprofundar o estudo sobre o papel ou os papéis que a proporção desempenha no discurso.

Pode-se, de fato, falar em vários papéis. Distingue-se nitidamente aquele que podemos designar como "papel de integração" pois estrutura o arcabouço de uma exposição, narração ou descrição.

131. II, 426. 132. III, 339.

Eis o exemplo de uma narrativa integrada por uma proporção:

> Cresceu Temístocles, e com ele a fama das suas vitórias; e não destruía tantos exércitos inimigos na campanha quanto se levantavam contra ele na pátria[133].

Há duas proporções. A primeira, direta, entre o crescimento de Temístocles e o de sua fama. A segunda, inversa, entre o número de inimigos de dentro e de fora.

Às vezes, uma imagem faz a ligação entre dois termos relacionados:

> Turbou-se Herodes, e toda Jerusalém com ele; que, como o povo é espelho do rei, não é muito que, mudando o rei as cores, a perdessem também os vassalos, e que a perturbações reais respondessem desmaios populares[134].

Dispondo-se em torno dos membros simétricos de proporções, a narrativa torna-se ao mesmo tempo uma interpretação e, não raro, se confunde com o comentário. É o que comprova este resumo da história de José, escravo de Putifar, e da mulher deste. Como se sabe, José fugiu por causa das solicitações insistentes desta mulher que, agarrando-lhe a capa, exibiu-a perante o marido para provar que o escravo tentara violentá-la:

> A Egípcia, como vil, acusou a José, e o que começou em amor degenerou em vingança. José, pelo contrário, como honrado, estando inocente não se desculpou, e o que parecia desamor mostrou que era fineza. Fino com Deus, porque não quis pecar; fino com seu senhor, porque o não quis ofender; e mais fino com a mesma que o amou, porque, preso, carregado de ferros e quase condenado à morte, não se desculpou a si pela não culpar a ela. Pagou-lhe o amor com lhe encobrir o delito. Ela cobriu-o com a capa, e ele com o silêncio. Tão impossível é que, ainda na terra mais dura e mais estéril, e ainda rejeitado, não produza amor[135].

As duas primeiras frases constituem uma oposição: "vil" opõe-se a "honrado", "acusou" a "não se desculpou", "o que parecia desamor" a "o que começou em amor", "vingança" a "fineza". Há também, no interior de cada um destes conjuntos, proporções que respondem umas às outras. A terceira parte, desenvolvendo o conceito de "fineza" em que recai a tônica da oposição precedente, termina por nova proporção: "não se desculpou a si pela não culpar a ela". A última frase, enfim, começa

---

133. II, 315.   134. II, 90.
135. II, 289.

por uma oposição entre "capa" e "silêncio", devida ao duplo sentido de "cobrir". O sistema não está completo, mas percebe-se a tendência da matéria histórica em se organizar numa cadeia de proporções sucessivas, destinadas a materializar o enunciado: "José não só amou, mas com muito maior excesso do que foi amado"[136].

Estudemos agora algumas descrições. Eis uma síntese admirável da Holanda no século XVII:

Toda a terra é retalhada de mar, com que juntamente vem a ser mar e terra; e os homens, a quem podemos chamar marinhos e terrestres, tanto vivem em um elemento como em outro. As suas ruas, por uma parte se andam, e por outra se navegam; e tanto aparecem sobre os telhados os mastros e as bandeiras como, entre os mastros e as bandeiras, as torres. Sendo tão estéril a terra que somente produz feno, as árvores de seus navios, secas e sem raízes, a fazem abundante de todos os frutos do mundo. Em muitas partes toma o navio porto à porta do seu dono, amarrando-se a ela, e deste modo vem a casa a ser a âncora do navio e o navio a metade da casa, de que igualmente usam[137].

O trecho todo se alicerçou numa oposição fundamental, mar e terra, que se ramificou em oposições parceladas: andar e navegar, mastros e torres, porto e porta, casa e navio. Observemos que entre esterilidade e abundância, uma, atributo do mar, outra, da terra, a relação é estabelecida pelo duplo sentido da palavra "árvore"[138].

Na base de uma narrativa ou de uma descrição proporcional, encontra-se, por vezes, um conceito enunciado ou uma imagem diagramática. Por exemplo, a descrição da Holanda amplifica a comparação deste país e seu povo com o ídolo Dagon, metade homem, metade peixe. O desenvolvimento proporcional da descrição ou da narrativa procura esquematizar a disposição da matéria de tal maneira que os fatos e as coisas aparecem como demonstração, de certo modo espontânea, de um conceito pre-existente.

As exposições doutrinárias também obedecem à mesma lei. Lembremos — por ser um modelo no gênero — o trecho do célebre Sermão do Pó, baseado na proporção: pó deitado, pó levantado. Integra-se nesta proporção um conjunto de reflexões, imagens, conselhos, exortações referentes a vários assuntos. Por exemplo, o tema clássico da Fortuna:

---

136. II, 289.   137. VII, 48-9.
138. O emprego de "árvore" para designar o conjunto de mastros e vergas é uma metáfora usual em português. Quando, por causa de tempestade, recolhiam-se as velas, dizia-se que se punha o navio em "árvore seca".

Levante-se o pó com o vento da vida e muito mais com o vento da fortuna; mas lembre-se o pó que o vento da fortuna não pode durar mais que o vento da vida, e que pode durar menos porque é mais inconstante[139].

Esta proporção "vento da vida — vento da fortuna" é subdivisão de um dos termos da proporção que orienta o conjunto do sermão: "Pó-Vento".

E assinalemos esta confrontação entre a Roma das ruínas e a Roma dos Papas:

Já não digo, como até agora: Lembra-te, homem, que és pó levantado e hás de ser pó caído. O que digo é: Lembra-te, Roma, que és pó levantado e que és pó caído, juntamente. Olha, Roma, daqui para baixo, e ver-te-ás caída e sepultada debaixo de ti. Olha, Roma, de lá para cima, e ver-te-ás levantada e pendente em cima de ti. Roma sobre Roma, e Roma debaixo de Roma[140].

São numerosos os sermões cuja matéria se integra inteiramente numa proporção. Já citamos longamente o das Lágrimas de São Pedro, e já nos referimos àquele em que os sete atributos da divindade são moldados nos relevos e escavados de um sinete, segundo uma "metáfora" que Vieira atribui ao próprio Deus. Parece-nos desnecessário mencionar outros exemplos. A proporção, além deste papel de integração, desempenha outro também importante no encadeamento do discurso: o papel que pode designar-se como de "transformação". Estabelecendo uma proporção, pode-se introduzir uma mudança.

O caso mais significativo é o da proporção com termos invertidos, que já conhecemos. Tomemos a pergunta de Santo Agostinho: *Si aliquando, cur non modo?* Se tenho de me arrepender um dia, por que não fazê-lo logo? Vieira faz esta pergunta num sermão da Quaresma em que exorta os ouvintes a um arrependimento imediato. E depois de desenvolvê-la longamente, acrescenta:

Dê-me licença Santo Agostinho para trocar a sua pergunta e apertar mais a dificuldade. Santo Agostinho diz: *Si aliquando, cur non modo?* Eu digo: *Si non modo, cur aliquando?* Se não nos convertemos agora, porque cuidamos que nós havemos de converter depois?[141]

A inversão da proporção dá ao orador a possibilidade de apresentar nova série de argumentos.

É difícil exagerar a importância que tem para Vieira este processo por ele mesmo denominado "troca". É talvez a fonte

139. II, 177.   140. II, 180.
141. I, 272.

principal dos seus paradoxos. Numerosos sermões começam desta maneira. Amamos a vida e tememos a morte, observa o orador no terceiro Sermão das Cinzas:

> Mas porque eu, depois de larga consideração, tenho conhecido que estes dois termos no nosso entendimento e estes dous afectos na nossa vontade andam trocados, o meu intento é pô-los hoje em seu lugar. O amor está fora do seu lugar, porque está na vida; o temor também está fora do seu lugar porque está na morte. O que farei, pois, será destrocar estes lugares com tal evidência que fiquemos entendendo todos que a morte, que tanto tememos, deve ser amada, e que a vida, que tanto amamos, deve ser temida[142].

Da troca decorre o paradoxo que será a tese do sermão:

> O maior bem da vida é a morte; o maior mal da morte é a vida.

Seria necessário um estudo especial sobre os resultados que Vieira obtém com a inversão dos termos. Por este meio, consegue ora movimentos dialéticos, cuja audácia e profundeza de significado não podemos deixar de admirar; ora, de uma maneira que nos parece inteiramente arbitrária, deles se serve para tirar de um texto o que de fato este texto não tem.

Quando inverte os termos do tema *Miserunt Judaei ab Jerosolymis sacerdotes et levitas ad Joannem* para estabelecer a oposição:

> em vez de o Baptista vir do deserto à corte a pretender a dignidade, a dignidade foi da corte ao deserto a pretender o Baptista

é para chegar à conclusão:

> Assim digo que em todo o reino bem governado não devem os homens pretender os ofícios, senão os ofícios pretender os homens[143].

Estabelecidas as igualdades "sacerdotes e levitas — dignidade-ofício", "Jerusalém-Corte", "João Batista-Homem", a inversão da ordem das palavras do tema estabelece a proporção entre o que deveria acontecer para o provimento de cargos, num reino bem governado, e o que acontece, de fato, em Portugal. Este processo permite a Vieira abordar um assunto político, sem se afastar da letra do tema.

Isto parece-nos engenhoso, no sentido pejorativo da palavra. Mas, ao contrário, ficamos profundamente emocionados quando Vieira inverte os termos do texto de Jó: *Memento, homo, quia pulvis es et in pulverem reverteris*. Explicara-nos ele na

---

142. II, 226. 143. I, 219.

primeira parte que o homem atualmente é apenas pó, pois, segundo o texto, o foi e o será, e que o presente, sendo apenas uma transição entre passado e futuro, não existe em si mesmo. Invertamos, porém, a proposição de Jó, e teremos: *Memento, pulvis, quia homo es et in hominem reverteris.*

Aos vivos disse: *Memento homo quia pulvis es et in pulverem reverteris.* Aos mortos digo, com as palavras trocadas: *Memento pulvis quia homo es et in hominem reverteris.* Lembra-te, pó, que és homem e em homem te hás de tornar. Os que me ouviram já sabem que cada um é o que foi e o que há de ser. Tu que jazes nessa sepultura, sabe-o agora. Eu vivo, tu estás morto; eu falo, tu estás mudo. Mas assim como eu, sendo homem, porque fui pó e hei de tornar a ser pó, sou pó, assim tu, porque foste homem e hás de tornar a ser homem, és homem.

Este salto no abismo, preparado apenas pela disposição das palavras, não nos faz sorrir. Mesmo descrentes, experimentamos por momentos o sentido profundo da crença na imortalidade. O efeito é conseguido apenas pelo poder da linguagem, que permite inclusivamente inventar um destinatário que é impossível no real: os mortos. O pregador, no entanto, voltando-se para os vivos, tirava a lição moral de sua proporção:

A mim não me faz medo o pó que hei de ser; faz-me medo o que há de ser o pó. Eu não temo na morte a morte; temo a imortalidade[144].

Outra operação proporcional consiste, não em inverter o texto dado, mas em completá-lo por outro que esteja em proporção com ele. Vejamos o belo Sermão sobre o Amor e o Ódio, obra-prima de análise dialética dos sentimentos e cujo tema é o preceito: *Diligite inimicos vestros.* Vieira contrapõe um outro preceito: *Qui non odit patrem suum et matrem suam non potest meus esse discipulus.* Do relacionamento dos dois textos nasce a proporção:

Em uma parte manda-nos que amemos a quem nos aborrece, e em outra que aborreçamos a quem nos ama[145].

O pregador procura tornar inteligível esta oposição, mas não pretende resolver um problema, apenas apresentá-lo. A solução é dada por uma outra proporção, estabelecida mediante um *distinguo.* Há duas maneiras de amar e duas de aborrecer: bem-amar (amar como cristão) e mal-amar (amar como homem) e, identicamente, bem-aborrecer e mal-aborrecer. Por este meio, os dois termos da proporção inicial tornam-se permutáveis. Mal-

144. II, 183, 185.   145. II, 281.

-amar é aborrecer, devemos aborrecer aqueles que nos amam mal, isto é, de uma maneira humana e carnal. Mas bem-aborrecer é amar. Aborrecendo aqueles que nos amam mal e portanto nos odeiam, nós os amamos. Acrescentando, pois, os dois signos "bem" e "mal", transformamos a oposição proporcional em uma igualdade.

Assinalemos, para finalizar estas observações, uma quarta operação proporcional que se pode definir como um sistema de proporções paralelas e escalonadas:

> Que importa que as mãos de Pilatos estejam lavadas, se a consciência não está limpa? Que importa que o ministro esteja limpo de mãos, se não é limpo de respeitos? [146]

Aparentemente é uma repetição paralelística: as mãos de Pilatos e as mãos do ministro; a consciência de Pilatos e a do ministro. Mas, de fato, na segunda frase, as mãos são metafóricas, ao contrário das mãos de Pilatos, e o autor quer dizer que o ministro não se deixa corromper por dinheiro. Mas não é tudo. O essencial é que, graças à repetição, a segunda interrogação introduz um conceito novo, o de "respeitos", isto é, "laços pessoais de amizade, parentesco, etc." que pesam nas decisões do ministro. Em resumo, repete-se uma mesma forma que recebe de cada vez novo conteúdo.

Assim, por exemplo, a oposição proporcional criada pela aproximação de duas parábolas — a do Filho Pródigo e a do Rico Avarento — aplica-se sucessivamente a diversas situações:

> Com as mãos abertas ofende a Cristo o filho pródigo, com as mãos fechadas o rico avarento. Com as mãos abertas, o que esperdiça, com as mãos fechadas o que entesoura. Com as mãos abertas, o que dá o que não devera, com as mãos fechadas, o que não paga o que deve. Com as mãos abertas, o que recebe a peita, com as mãos fechadas, o que nega a esmola. Com as mãos abertas, o que rouba o alheio, com as mãos fechadas, o que não restitui o roubado [147].

As mãos abertas do pródigo tornam-se as do ministro que distribui injustamente empregos e dinheiro do Estado, aceita os preços do suborno, ou as dos fidalgos que se apropriam do produto do trabalho de seus servos. As mãos fechadas sofrem metamorfoses análogas. Este processo de integração é, ao mesmo tempo, um processo de transformação.

---

146. III, 201.   147. IV, 202-3.

E. Conclusão

Como vimos, o discurso se encadeia de uma proporção a outra proporção. A proporção não é um ornamento, mas a forma, no sentido aristotélico da palavra: é através dela que a matéria do discurso ganha estrutura e pode ser dada à luz. Podemos compará-la às formas cristalinas segundo as quais os átomos tendem a distribuir-se.

Dir-se-ia, por vezes, que Vieira força um pouco a trama proporcional. Quando conta como Cristo lavou os pés dos discípulos, estes "pés" parecem procurar um correspondente, e a palavra "mão" acode naturalmente ao espírito. Ora, no evangelho de São João, encontra-se justamente a expressão "mãos de Deus". Ela se destaca, então, do contexto e, como se fosse atraída por uma simpatia irresistível, vem apor-se a "pés" dos discípulos constituindo com eles uma única frase: *Sciens quia omnis dedit ei Pater in manus, coepit lavare pedes discipulorum*[148]. A proporção, uma vez constituída, começa a desenvolver-se automaticamente:

> O Padre estimou tanto ao Filho que tudo quanto tinha pôs nas mãos do Filho: *Omnia dedit ei Pater in manus*. E o Filho estimou tanto aos homens que, com tudo quanto o Padre lhe tinha posto nas mãos, pôs as mesmas mãos aos pés dos homens[149].

Mas aonde tudo isso quer chegar?

> O que podia daqui inferir o discurso, se não tivesse mão nele a Fé, é que prezou Cristo mais os pés dos homens que as dádivas do Padre. Mas o certo e a verdade é que não foi nem podia ser assim.

Esta observação é muito curiosa. Vieira põe um freio ao discurso que parece arrebatado pela proporção. Se ela se desenvolvesse livremente, poderia forçá-lo a aceitar uma conclusão herética. Torna-se necessário, pois, encadear outro raciocínio.

Para Vieira, no entanto, isto significa: encadear outra proporção. Lembra então, já que se fala de "pés", Madalena prostrada aos pés de Cristo.

> Quando a Madalena pôs aos pés do Cristo os alabastros, os ungüentos, os cabelos, os olhos, as lágrimas, as mãos, a boca e a si mesma, não foi porque não estimasse tudo isto, senão porque tudo isto era o que mais estimava[150].

---

148. Esta frase não está no Evangelho, mas é fabricada por Vieira com dois fragmentos independentes do capítulo 13 de São João.
149. IV, 449-50.
150. IV, 451.

A proporção de termos invertidos formados por duas proposições causais destrói a conclusão que a proporção anterior parecia impor: se Cristo pôs aos pés dos homens as suas mãos plenas de tudo o que Deus lhe havia dado, é porque este dom de Deus era o que Ele mais prezava.

Este exemplo é, evidentemente, uma exibição de virtuosidade. Vieira inventa dificuldades para mostrar-se inteiramente senhor do jogo, como um toureiro que espicaça o touro[151].

Aparentando rigor e disciplina "lógica", o desenvolvimento do discurso pelo encadeamento das proporções dá margem aos mais audaciosos arroubos da imaginação. Pela potencialidade da palavra, tudo pode ser posto em proporção com tudo, tudo pode metamorfosear-se em tudo. E assim como a atenção às palavras é uma maneira de torná-las infinitamente dóceis também o modelo geométrico, imposto ao encadeamento do discurso, é um processo para liberá-lo de qualquer ordem lógica.

Se não é um raciocínio, qual é pois o princípio a que o discurso obedece?

Pensamos naturalmente no encadeamento musical, cujas estruturas se repetem, se opõem e se transformam de tal maneira que nos fazem perceber a sua identidade e as suas mudanças. Vieira, no entanto, que não só conhecia muito bem o uso da palavra como também tinha uma consciência muito clara do que ela é, nos propõe um outro modelo para o discurso proporcional. Ironizando o estilo dos pregadores do seu tempo, caracterizou-o da seguinte maneira:

Não fez Deus o céu em xadrez de estrelas, como os pregadores fazem o sermão em xadrez de palavras. Se de uma parte está branco, da outra há de estar negro; se de uma parte está dia, da outra há de estar noite; se de uma parte dizem luz, da outra hão de dizer sombra. Basta que não havemos de ver num sermão duas palavras em paz! Todas hão de estar sempre em fronteiras com seu contrário[152]?

No entanto, essa composição "em xadrez" não é só a dos maus pregadores, que ele censura, mas também a sua. Talvez os outros fossem inábeis e não soubessem usá-la convenientemente e em vez de se mostrarem senhores do processo a ele se escravizassem. Mas o que nos interessa no caso é a certeza de que Vieira sabia do que se tratava. Uma composição "em xadrez" é uma composição geométrica, e isto nos força a convir que a

---

151. Mesmo os autores mais graves deram sua cota de sacrifício às proporções engenhosas. Como, por exemplo, a proporção estabelecida por Marx entre "as armas da crítica" e a "crítica das armas".
152. I, 19.

geometria não é apenas um método de raciocínio, mas uma maneira de repetir, de inverter, de encadear figuras, segundo o princípio puramente estético, como o é da composição musical. Nela, como nos sermões de Vieira, combinam-se rigor e arbitrariedade.

IV. O TEXTO

A. O problema

É sabido que o sermão é o comentário da palavra sagrada, mas, no momento, o nosso propósito não é estudar como Vieira interpretava os textos que propunha aos ouvintes. Não estamos estudando o texto, mas o discurso, e queremos saber em que medida o discurso de Vieira é, pela própria natureza, um comentário que se baseia num texto, bíblico ou não, ou mesmo num texto não escrito.

O discurso habitual não é um comentário textual, porque achamos que os conceitos que nele se desenvolvem são seres em si, de valor universal, independente dos diferentes contextos verbais onde podem encontrar-se. São significados imutáveis hauridos no ser sem superfície, que chamamos realidade. Quando analisamos um texto, nós o pomos entre aspas, tornando bem claro que o texto não é a "realidade". É o que se chama "fazer uma citação". E quando analisamos a palavra dentro de um contexto lingüístico, cumpre-nos determinar o significado que, no texto dado, corresponde ao significante. No fundo, todo comentário é, para nós, uma explicação de significantes (com vista à determinação do significado), pois os significados têm entre si relações objetivas, cujo enunciado depende da análise científica e não do estudo gramatical, lexical, etimológico, etc. O significante é "arbitrário", segundo pretendeu Saussure, o que vale dizer que só o significado, a idéia, nos interessa. A distinção nítida entre textos e coisas, e entre os diferentes procedimentos que permitem conhecer uns e outros, é um dos fundamentos, não somente da pesquisa científica, mas ainda do discurso clássico que é o nosso, segundo a opinião coerente. A distinção entre significado e significante e a primazia do significado, estabelecidos por Saussure, não são mais que uma teorização do ponto de vista do discurso clássico, cujo melhor exemplo é, talvez, o *Discours de la Méthode* de Descartes.

B. Comentário das palavras

Para determinar o sentido de um texto sagrado — ou melhor, os sentidos, porque tem pelo menos quatro[153] — é preciso observar atentamente cada palavra, cada flexão, cada parte da palavra, a ordem em que se encontram as palavras, umas em relação às outras, etc. Nada, já o sabemos, é indiferente na palavra de Deus[154]. Por isso, ao enunciar o texto do tema, o pregador lhe dá a maior ênfase oral possível, destacando, por vezes, até as sílabas:

> Nestas quatro palavras breves, nestas seis sílabas compendiosas, *Vos-es-tis-sal-ter-rae*, se resume todo o arrazoado de Santo Antônio em ordem ao bem e conservação do reino[155].

Considera depois em separado a palavra cujo comentário vai fazer. Em geral, as diversas partes de um sermão se ordenam em torno de uma das palavras do tema. Assim em *Ego autem dico vobis: diligite inimicos vestros* etc. Tomemos o *vobis*. Porventura este "vós" engloba também os reis? A resposta é dada pela referência à palavra *Ego* no início da frase. Basta considerar que *Ego,* aquele que fala, é o próprio Deus:

> E quem é este Eu? Não é Platão, nem Licurgo, nem Numa Pompílio, cujas leis, contudo, por serem justas e racionais, as veneravam e obedeciam todos os reis que alcançaram fama de justos, mas aquele Eu que disse a Moisés: *Ego sum qui sum*, Eu sou o que sou, o que, só, tem o ser de si e o deu a todas as cousas, aquele Eu que faz os reis e também os desfaz[156].

O orador pode, no entanto, escolher *dico*:

> Apareceu subitamente esta grande máquina que vemos, e quem a fez? A metade do nosso texto: *Ego dico*. O *vobis* ainda não o havia, porque não havia nada. E se não havia nada, como se fez tudo isto? Porque Deus o disse[157].

De fato, do *dixit Deus* nascem o céu, a terra, a luz. Depois de criá-los, Deus lhes ordenou que produzissem plantas e animais:

> Aqui entra todo o nosso texto: *Ego dico vobis*[158].

Não basta, porém, ser teólogo para apreender todo o sentido ou todos os sentidos da palavra de Deus. É preciso que o

---

153. Ver *supra*, p. 47, n. 100.
154. X, 204.
155. VII, 149.
156. II, 347.
157. II, 322.
158. II, 323.

exegeta se arme com todos os recursos da gramática, da lexicografia, da etimologia, da retórica, da filologia. Já vimos, no primeiro parágrafo deste estudo, quanto Vieira domina estas disciplinas: é para melhor interpretar o texto que especifica o sentido de uma palavra, ou pelo contrário lhe descobre sinônimos ou ainda cria novas palavras para evitar a ambigüidade de sentidos.

Nestes comentários, como vimos, a etimologia desempenha uma função primordial. Lemos, na parábola do Semeador, que o grão caiu entre espinhos, sobre pedras e em terra fértil. A palavra *cecidit* aparece três vezes. E não é por acaso, porquanto, em português, há três derivados de *cadere:*

> Notai uma alegoria própria da nossa língua. O trigo do semeador, ainda que saiu quatro vezes, só de três nasceu. Para o sermão vir nascendo, há de ter três modos de cair: há de cair com queda, há de cair com cadência, há de cair com caso [...]. A queda é para as cousas, porque hão de vir bem trazidas e em seu lugar; hão de ter queda. A cadência é para as palavras, porque não hão de ser escabrosas nem dissonantes: hão de ter cadência. O caso é para a disposição, porque há de ser tão natural e tão desafectada que pareça caso e não estudo. *Cecidit, cecidit, cecidit*[159].

A análise de texto e a etimologia contribuem nesta passagem para a descoberta de novos significados no tema. É preciso, no entanto, considerar também a forma retórica e estilística, refiro-me aos tropos, à escolha e à boa disposição das palavras.

Ao descrever os sentimentos de Cristo nas últimas horas de vida, diz-nos o evangelista São João: *Cum dilexisset* [discipulos suos] *qui erant in mundo, in finem dilexit eos.* Por que a repetição do mesmo verbo: *dilexisset – dilexit?*

"Como amasse, amou". Estas palavras dizem mais do que soam. *Amasse* e *amou* não têm mais diferença que no tempo: na significação não têm diversidade. Que nos quis, logo, dizer de novo o Evangelista? Se dissera: "Como amasse muito, agora amou mais", bem estava: isso é o que queria provar. Mas, se queria dizer que amou mais, como diz somente que amou? Porque o diz com tais termos que dizendo só que amou fica provado que amou mais. *Cum dilexisset, dilexit*. Como amasse, amou: e isto de amar sobre haver amado, não é só amar depois, senão amar mais. Não diz só relação de tempo, senão excesso de amor[160].

E para tornar bem clara esta explicação, o nosso orador recorre a uma imagem. Uma estátua, embora continue a mesma, fica mais alta se a colocamos num pedestal. Cresce sem crescer, como o *dilexit* acrescentado ao *dilexisset:*

> Assim o amor de Cristo hoje, porque foi amor sobre amor.

---

159. I, 18-9. 160. IV, 340.

As imagens e metáforas do texto sagrado são cuidadosamente examinadas. No texto *Cântico dos Cânticos* o Amante compara a beleza da Amada à da cidade de Jerusalém. Estranha comparação! comenta o pregador:

> Comparar a formosura de um rosto a uma cidade! Quem viu nunca tal comparação?

Mas considerando-a cuidadosamente, ela se torna compreensível. Assim como, passeando numa grande cidade, cada dia descobrem-se novas belezas, também Deus contempla sempre com deslumbramento as belezas infinitas da Virgem. Mas sobretudo a Jerusalém terrestre é a figura da Jerusalém celeste, isto é, Deus. O autor do *Cântico* quer comparar a beleza da Virgem à do próprio Deus[161].

Pela análise das metáforas chegamos às vezes a descobrir o sentido de um texto. Vieira tenta explicar uma passagem bastante misteriosa de São Paulo, referente à Encarnação de Cristo:

> Qui, cum in forma Dei esset, non rapinam arbitratus est esse se aequalem Deo, sed semetipsum exinanivit, formam servi accipiens, in similitudinem hominum factus et habitu inventus est ut homo.

Vieira acha que no texto existe uma oposição entre "fazer" (*in similitudinem hominum factus*) e "desfazer-se" (*exinanivit semetipsum*), e, para prová-lo, põe em evidência as metáforas aí escondidas:

> Com duas comparações ou metáforas declara S. Paulo este fazer-se e desfazer-se: com a metáfora da roupa que se veste e despe (*habitus inventus ut homo*); com a metáfora do vaso que se enche e se vasa (*exinanivit semetipsum*); e ambas as metáforas parece que as tomou São Paulo do acto do lavatório em que estamos[162].

No decorrer da última Ceia, de fato, Cristo despiu a túnica e tomou um jarro de água para lavar os pés dos discípulos. Vieira pretende descobrir a passagem desta evocação do evangelho nas metáforas, aliás quase imperceptíveis, que consegue encontrar nas profundezas esquecidas de duas palavras (*habitus* e *exinanivit*). Ainda que o resultado seja fantasia, a análise estilística revela uma grande perspicácia.

A gramática, a etimologia, a retórica não dizem tudo. Há formas, cujo sentido e cuja intenção só podem ser apreendidos

---

161. X, 149-50.
162. IV, 403. O texto de São Paulo se encontra na epístola *ad Phil.*, II, 6-7.

por uma sensibilidade educada. O texto de São Lucas sobre a circuncisão diz que ela ocorreu oito dias após o nascimento: *Postquam consummati sunt dies octo*. Esta frase, aparentemente inexpressiva e sem intenção especial, menciona um prazo muito curto: oito dias. No entanto oito dias, observa Vieira, é uma longa espera para homens que, há séculos, aguardavam com impaciência a Redenção:

> Foram poucos os dias para quem vivia, mas muitos para quem esperava.

Ora, a extensão desta espera está expressa na própria construção da frase de São Lucas:

> Porque havendo de contar estes oito dias, veja-se o aparato de palavras com que o faz. *Postquam consummati sunt:* depois que foram consumados. Parece que armava a dizer oito séculos ou oito mil anos, segundo a grandeza vagarosa e ponderação das palavras. E no cabo disse: *dies octo*, oito dias. Como eram dias de esperar redenção, ainda que não foram mais que oito, pareciam uma duração mui comprida, e que não acabavam de chegar, segundo tardavam[163].

Temos aí uma admirável observação estilística admiravelmente expressa. Relendo a pequena frase de São Lucas, depois do comentário de Vieira, nós mesmos ficamos sensibilizados com a "grandeza vagarosa" e a ponderação das palavras e salta-nos aos olhos o contraste rítmico entre as duas partes da frase, uma longa (*postquam consummati sunt*), outra breve (*dies octo*)[164]. Isto não prova que esta forma corresponda a um significado no espírito evangelista, que, aliás, não escreveu em latim. Encontra-se, porém, no texto da Vulgata e deve ter um sentido para quem perscruta o mistério da palavra divina.

Existem, para esta palavra, muitas versões, nota Vieira: a da Vulgata "de que hoje usa a Igreja"[165], a da tradução grega dos Setenta "que são também autores canônicos"[166], o texto hebreu, o sírio, o árabe[167], a paráfrase caldéia[168]. Ora, essas versões devem ser confrontadas para se ter o sentido das palavras de Deus.

O belo Sermão do primeiro Domingo do Advento, sobre o tema *Coelum et terra transibunt, verba autem mea non*

---

163. I, 323.
164. Não era desconhecido na Península Ibérica este gênero de crítica estilística, de que os portugueses Faria e Sousa e o hispano-indiano Espinosa Medrano nos dão exemplos. Ver Damaso Alonso, *Poesia Española*, 1962, pp. 344-7.

165. X, 149-50.   166. *Ibid.*
167. II, 304.   168. V, 84.

transibunt, é um extenso comentário sobre a palavra "passar" (*transire*), na qual, é evidente, o autor não esquece "passo". Os passos dos homens na sua passagem por este mundo deixam rastos, "pegadas" no pó dos caminhos. Estes rastos, a marca das ações, apagam-se tão facilmente da memória dos homens como o pó dos caminhos. Deus, porém, os observa atentamente e não os esquece. É o que mostra um texto de Jó: *Observasti omnes semitas meas et vestigia pedum meorum considerasti*. Ora no texto dos Setenta em vez de "rastos" lê-se "raízes": *et radices pedum meorum considerasti*. Por quê?

Assim como os pés se chamam plantas, assim às pegadas lhes quadra bem o nome de raízes. E porque deu este nome Job às pegadas dos seus passos? Não só porque os passos passam e as pegadas ficam, mas porque ficam como raízes fundas e firmes, e que sempre permanecem. As pegadas estão manifestas e vêem-se; as raízes estão escondidas e não se vêem. E assim tem Deus guardados invisivelmente todos os nossos pecados, os quais, no dia da conta, rebentarão como raízes e brotarão nos castigos que pertencem à natureza de cada um[169].

Outro exemplo que nos mostra como as diferentes línguas ajudam a esclarecer um texto, ou mesmo uma palavra, é ainda esta observação a respeito de *Nor*.

A língua hebraica, que é a que falou Adão e a que mais naturalmente significa e declara a essência das cousas, chama ao negar o que se pede envergonhar a face. Assim disse Betsabé a Salomão: *Petitionem unam precor a te, ne confundas faciem meam*, trago-vos, senhor, uma petição, que não me envergonheis a face. E por que se chama envergonhar a face negar o que se pede? Porque dizer "não" a quem pede é dar-lhe uma bofetada com a língua[170].

Não é objetivo nosso fazer o inventário das técnicas utilizadas por Vieira para procurar a verdade na palavra de Deus, mas lembrar apenas que, para ele, como para qualquer autor da Idade Média — que na Península Ibérica se alonga pelo século XVII — as disciplinas da palavra eram instrumentos privilegiados para o conhecimento, pois tudo se escondia no Texto.

Se tomamos a parábola do Semeador, encontramos aí não somente o sentido logo visível — a palavra de Deus é o grão que germina de diversas maneiras conforme a qualidade daqueles que a recebem ou não — mas outros sentidos que a consideração da palavra isolada nos oferece. *Exiit qui semina seminare semen suum*. *Exiit* significa que os pregadores devem procurar terras longínquas para converter pagãos, e não permanecerem na corte.

169. I, 131.   170. II, 278.

Quia seminat é empregado no sentido de *seminator* para mostrar que não basta ter o nome de pregador: é preciso testemunhar por atos o que se ensina. *Semen* está no singular para mostrar que o sermão tem um único assunto, em vez de ser uma mistura de disparates, como eram os dos pregadores da época. *Suum* quer dizer que o pregador não deve pronunciar sermões que não tenham sido compostos por ele mesmo.

Neste comentário, o que está em foco é o sentido tropológico ou moral: Deus, através de suas palavras, nos ensina o que devemos fazer. O texto, no entanto, contém também ensinamentos referentes aos fatos. Assim, se considerarmos atentamente o texto do Gênese, encontraremos em São Mateus a história da descoberta do mundo pelos portugueses[171] e a das perseguições de que Vieira e seus companheiros foram vítimas no Maranhão[172].

C. O comentário das coisas

Num texto há palavras e coisas. As coisas são as personagens, os seres da natureza, os produtos da indústria humana, os acontecimentos a que o texto se refere. Podemos deter-nos na explicação da palavra, mas podemos também procurar explicar a coisa, para aprofundar mais o sentido, porque a coisa, como a palavra, tem uma razão de ser no texto. Através de um exemplo, chegaremos a compreender como um elemento do texto pode ser tomado ora como palavra ora como coisa.

O texto da parábola do Semeador diz que uma parte dos grãos caiu nos espinhos e outra nas pedras. De espinhos, deduz-se a palavra "agudo" ou "pontudo" que se aplica aos espíritos engenhosos, "agudos", vindos ao sermão para ouvir "agudezas" e não ensinamentos proveitosos à alma. Das pedras, passa-se aos corações endurecidos, aqueles que palavra alguma chega a emocionar. Por um processo etimológico, Vieira chega a extrair novos conceitos dos espinhos e pedras do texto[173].

Mas estas mesmas pedras e espinhos se desprendem do texto e nos obrigam a acompanhá-los. Encontramo-nos com eles noutro trecho, subseqüente, do mesmo sermão, a narrativa da Paixão, onde os espinhos coroam Cristo e as pedras se fendem por ocasião de sua morte.

---

171. II,9.
172. Os exemplos deste gênero de exegese são numerosos em Vieira, mas reservamos para um outro estudo a análise deles.
173. I, 12.

Corações embaraçados como espinhos, corações secos e duros como pedras, ouvi a palavra de Deus e tende confiança. Tomai exemplo nessas mesmas pedras e nesses espinhos. Esses espinhos e essas pedras agora resistem ao Criador, mas virá tempo em que essas mesmas pedras o aclamem e esses mesmos espinhos o coroem. Quando o semeador do céu deixou o campo, saindo deste mundo, as pedras se quebraram para lhe fazerem aclamações e os espinhos se teceram para lhe fazer coroa[174].

Depois desta escapada, as pedras e espinhos voltam ao ponto de partida para confortar os corações empedernidos e os espíritos "agudos".

As pedras e espinhos históricos suscitam este comentário do pregador porque estiveram envolvidos numa circunstância histórica. Mas outra qualquer propriedade poderia servir a este gênero de desenvolvimento.

Nas "seis sílabas compendiosas" do tema do Sermão de Santo Antônio de 1642 — *Vos estis sal terrae* — encontra-se a palavra "sal". Nesse sermão, Vieira procura convencer os três "estados" do reino da obrigação de contribuírem com os tributos indispensáveis para o financiamento da guerra contra a Espanha. Cumpria sobretudo saber se a nobreza e o clero, tradicionalmente isentos, podiam também ser obrigados a isso. A resposta é dada pelas propriedades do sal, não o sal metafórico do texto, mas o sal físico.

Que é o sal? Aristóteles e Plínio — este último citado em latim — mostraram que era composto de água e fogo. A estes dois elementos, a *Glose ordinaire* e São Cromácio acrescentaram o ar. Segue-se a citação de São Cromácio, em latim, com tradução. Desta simples constatação, deduz-se um ensinamento moral.

Grande exemplo da nossa doutrina! Assim como o sal é uma junta de três elementos, fogo, ar e água, assim a república é uma união de três estados, eclesiástico, nobreza e povo[175].

É evidente para Vieira a correspondência entre cada um dos três elementos e cada um dos três estados. O clero é o elemento fogo, porque se ergue sempre para o céu, alimentando-se dos outros sem ser obrigado a alimentar alguém. A nobreza é o elemento ar, não porque seja vaidosa, mas porque restituiu o alento à nação pela revolução de 1640; o povo é a água — *aquae sunt populi*, diz o *Apocalipse* — não porque seja instável e indócil, mas porque o mar é fonte de riqueza e veículo de comércio. É preciso, portanto, que cada um desses elementos, assim como os componentes do sal, deixe de ser o que é para

174. I, 13.   175. VII, 159.

tornar-se uma outra coisa, com a virtude própria do sal, a de conservar. Porque é preciso, depois de tê-la conquistado, manter a independência do reino[176].

O nosso filólogo, estamos vendo, torna-se filósofo — no sentido que a palavra tinha na Idade Média. Analisa o sal em vez de analisar o texto. Mas, na realidade, o sal passa a ser um texto passível de ser decifrado, em cuja composição encontra-se um ensinamento moral, como nos elementos de uma frase.

O esforço do pregador-exegeta deve convergir tanto para as coisas como para as palavras. Obriga as coisas a se mostrarem e a se declararem. No tema do sermão das Lágrimas de São Pedro, é dito apenas que Cristo olhou Pedro e este último, depois de deixar o lugar, chorou amargamente. Ora quem fala em "olhar e chorar" fala em olhos. E ainda que "olhos" não apareça no texto, é sobre o seu conceito que vai se estruturar o sermão.

O que é peculiar aos olhos, entre os outros órgãos dos sentidos, é terem duas funções: ver e chorar.

Só os olhos têm dous ofícios: ver e chorar. Estes serão os dous pólos do nosso discurso[177].

Por se levar em conta esta dupla função, impõe-se a seguinte pergunta: Por que a natureza atribuiu a um mesmo órgão duas funções tão contrárias, já que uma impede a outra, pois quando se está chorando não se pode olhar e quando se olha não se pode chorar? A resposta é:

Ajuntou a Natureza a vista e as lágrimas, porque as lágrimas são a conseqüência da vista. Ajuntou a Providência o chorar e o ver, porque o ver é a causa do chorar. Sabeis por que choram os olhos? Porque vêem[178].

Pois, de fato, pelos olhos entra o pecado e pelas lágrimas manifesta-se o arrependimento.

Por uma reviravolta bastante curiosa, a conclusão tirada desta análise dos olhos, enquanto coisa, vai esclarecer o sentido do texto do tema, e também de outros. Se lemos, por exemplo, no *Gênese* que os olhos de Adão e Eva se abriram depois do pecado é porque isso será necessário para permitir a saída das lágrimas. E se, segundo o texto do tema, São Pedro se afastou para chorar, é porque, se permanecesse no mesmo lugar, olhando para Cristo, não poderia chorar, pois é impossível ver e chorar ao mesmo tempo. A consideração da natureza das coisas, como tais, também nos ajuda, guiados por Vieira, a explicar uma par-

176. VII, 159.
178. V, 96.
177. V, 96.

ticularidade estilística do texto. São Pedro, afastando-se, *flevit amare*. Este *amare* suscita reflexões do comentador:

> Se [os evangelistas] queriam encarecer as lágrimas de Pedro pela cópia, digam que se fizeram seus olhos duas fontes perenes de lágrimas, digam que chorou rios; digam que chorou mares; digam que chorou dilúvios. E se queriam encarecer esses dilúvios de lágrimas, não pela cópia, senão pela dor, digam que chorou sentidamente, digam que chorou lastimosamente, digam que chorou irremediavelmente, ou busquem outros termos de maior tristeza, de maior lástima, de maior sentimento, de maior pena, de maior dor. Mas que, deixado tudo isto, só digam e ponderem que chorou amargamente[179].

Voltamos a encontrar o lexicólogo. Mas desta vez, ele não se prende às palavras. O fato é que São Pedro pecou pela língua, quando negou diante da criada que conhecia Cristo. A amargura, que é paladar, sente-se com a língua:

> ... e, como os olhos de Pedro choravam por si e mais pela língua, era bem que a amargura se passasse da língua aos olhos, e que não só chorasse Pedro, senão que chorasse amargamente.

Mas não saímos do texto. A explicação das coisas é também uma explicação do texto, onde Deus quis que elas se achassem, explícita ou implicitamente.

D. *A retórica das coisas*

Coeli enarrant gloriam Dei. Vieira gosta de citar esta frase dos *Salmos* e comentá-la. Mas não se detém apenas na sua letra, explica sobretudo o céu real no qual se mostra a grandeza de Deus. Vimos como descobre aí o próprio modelo da verdadeira pregação.

Não é somente o céu semeado de estrelas que pede para ser explicado e decifrado. Tudo o que existe, tudo o que aconteceu é um exemplo, uma imagem, um ensinamento que pode ser traduzido em um enunciado. Santo Antônio nos ensina que "somos o sal da terra" sem no entanto ter pronunciado estas palavras. Agiu de tal maneira que nos deixou esta lição:

> E ninguém me diga que disse estas palavras Cristo a Santo Antônio, e não Santo Antônio a nós, porque, como a retórica dos do outro mundo são os exemplos, e o que obraram em vida é o que nos dizem depois da morte, dizer Cristo a Santo Antônio o que foi, é dizer-nos Santo Antônio o que devemos ser[180].

179. V, 105-6.   180. VII, 149.

A expressão "retórica dos do outro mundo", ou retórica dos atos que praticaram, traduz-se por: a palavra dos fatos, o enunciado a que pode ser reduzido qualquer acontecimento. No texto citado, este enunciado é o trecho do evangelho que a Igreja escolheu como tema para os sermões de Santo Antônio. Nesta passagem, admite Vieira, Cristo referia-se profeticamente ao santo português. Por isso, a vida de Santo Antônio torna-se um texto que dá margem a comentários.

Já vimos que existe para Vieira uma "etimologia da Natureza": o sol poente explica-lhe o sentido da palavra Luzitânia[181]. Há também alegorias da História:

> Era costume dos antigos Portugueses, diz Estrabão, consultar as entranhas dos homens que sacrificavam, e delas conjecturar e adivinhar os futuros. A superstição era falsa, mas a alegoria muito verdadeira. Não há lume de profecia mais certo no mundo que consultar as entranhas dos homens[182].

A etimologia e a alegoria são partes desta retórica das coisas, desta palavra que é preciso escutar e decifrar. Boa parte dos sermões de Vieira é um comentário das coisas muitas vezes com a ajuda dos conhecimentos físicos de que dispunha. Consideremos a anatomia do ouvido:

> Notável é o artifício com que a Natureza formou os nossos ouvidos. Cada ouvido é um caracol, e de matéria que tem a sua dureza. E como as palavras entram passando pelo oco deste parafuso, não é muito que, quando saem pela boca, saiam torcidas.

A disposição do orifício do ouvido em caracol explica por que, pela boca, sai distorcido o que por ele entra. Notemos ainda que temos dois ouvidos e uma boca.

> Como os ouvidos são dous e a boca é só uma, sucede que, entrando pelos ouvidos duas verdades, sai pela boca uma mentira[183].

Pode-se forjar uma mentira pela junção de duas verdades, assim como a Quimera é um monstro fabuloso feito de dois animais reais. Este comentário das coisas acrescenta-se ao dos textos para mostrar que para não mentir não é suficiente relatar fielmente o que se ouviu.

Vieira, assim como respiga aqui e ali textos para reforçar o texto do tema, apropria-se de fatos naturais ou históricos que submete a uma verdadeira exegese textual. Vimos como o co-

---

181. Ver *supra*, p. 20   182. I, 210.
183. IV, 167-8.

mentário sobre o sal é uma parte do comentário do texto *Vos estis sal terrae*. Porém um outro fato da Natureza, que não está no texto, nos mostra que os nobres devem pagar impostos:

> É justo que os que se sustentam dos bens da Coroa não faltem à mesma Coroa com os seus próprios bens. [...] Não há tributo mais bem pago no mundo que o que pagam os rios ao mar. [...] Pois quem deu tanta pontualidade a um elemento bruto? Porque se despendem com tanto primor umas águas irracionais? Porquê? Porque é justo que tornem ao mar águas que do mar saíram[184].

Não é apenas uma imagem, mas um preceito, um ensinamento moral. Vieira aplica o processo da exegese tropológica, não mais ao texto da Escritura, mas ao da Natureza. Isto fica ainda mais evidente quando prossegue na interpretação deste mesmo fato:

> E é muito de advertir aqui uma lição que a terra nos dá, se não for já repreensão com o seu exemplo. A água que recebe a terra é salgada, a que torna ao mar é doce. O que recebe em ondas amargosas, restitui-o em doces tributos. Assim havia de ser, Senhores, mas não sei se acontece pelo contrário. A todos é cousa mui doce o receber, mas tanto que se fala em dar, grandes amarguras! Pois consideremos a razão, e parecer-nos-á imitável o exemplo. A razão por que as águas amargosas do mar se convertem em tributos doces, é porque a terra por onde passam recebe o sal em si. *Vos estis sal terrae*. Portugueses, entranhe-se na terra o sal; entenda-se que o que se dá é o sal e conservação da terra, e logo serão os tributos doces ainda que sejam amargosas as águas[185].

O que chama atenção neste trecho é que o fato da Natureza se transforma quase insensivelmente numa frase:

> O que recebe em ondas amargosas restitui-o em doces tributos.

Esta frase expressa, ao mesmo tempo, o fato e a lição que dela se tira. Mais ainda, a análise do fenômeno em questão, a perda do sal, nos reconduz ao texto do tema e o preceito decorre da combinação dos dois — o texto e o fato da Natureza:

> Entranhe-se na terra o sal, e entenda-se que o que se dá é o sal e conservação da terra.

As felizes conseqüências da obediência a este preceito se expressam pelo próprio enunciado do fato da Natureza:

> E logo serão os tributos doces, ainda que pareçam amargosas as águas.

---

184. VII, 166.   185. *Ibid.*

O comentário das coisas põe em evidência proposições e mesmo palavras. De um mesmo fato da Natureza — a água salgada do mar que se torna doce nos rios — Vieira destaca duas palavras, "doce" e "amargo", que depois aplica à maneira como os tributos devem ser suportados pela nobreza. Já vimos como do céu estrelado extrai os adjetivos "alto" e "claro"[186], palavras estas que não encontra na narrativa ou na descrição, — nos textos — mas nas coisas descritas ou narradas.

Dirigindo-se aos que, por gosto da maledicência, espreitam as idas e vindas dos vizinhos, Vieira resume a história da derrota dos Moabitas. Acampados frente a um rio que os separava dos hebreus e seus aliados, deixaram-se enganar pelo reflexo vermelho do sol na água, e, pensando que os inimigos tivessem matado uns aos outros, atacaram e foram desbaratados.

> Se reparais no caso, as duas cousas mais claras que há no mundo são o sol e a água. Os nossos provérbios o dizem: claro como a água, claro como a luz do sol. E quais foram as cousas de que se formou aquele engano nos olhos dos Moabitas, com que cuidaram que o rio era sangue? Uma cousa foi o sol, outra cousa foi a água.. [...] De sorte que se enganaram os olhos nas duas cousas mais claras que há no mundo[187].

Não temos aí um comentário de texto, porquanto a narrativa bíblica não foi reproduzida. É do próprio acontecimento que Vieira extrai as duas palavras "água" e "sol", que encontramos em dois provérbios referentes à noção de claridade. Estas duas palavras, e não a semelhança das situações, são o argumento utilizado pelo pregador.

A ciência das palavras é, pois, indispensável, não somente para o conhecimento dos textos como também das coisas, assim como o conhecimento das coisas é indispensável ao esclarecimento dos textos. As expressões "retórica das coisas", "etimologia da Natureza", "alegorias da História" não são vazias de sentido. É difícil, às vezes, distinguir o filósofo do etimólogo, como neste comentário a propósito do O de Nossa Senhora do Ó.

> Se [...] lançastes uma pedra ao mar sereno e quieto, ao primeiro toque da água vistes alguma perturbação nela; mas tanto que essa perturbação se sossegou e a pedra ficou dentro do mar, no mesmo ponto se formou nele um círculo perfeito, e logo outro círculo maior, e após este, outro e outro, todos com a mesma proporção sucessiva, e todos mais estendidos sempre e de mais dilatada esfera. Este efeito maravilhoso celebrou Sêneca, no primeiro livro das suas Questões naturais, e dele aprenderam os filósofos o modo com que a voz e a luz se multiplicam e

---

186. Ver *supra*, p. 51.   187. IV, 171-2.

dilatam por todo o ar. Mas se a Natureza, na multiplicação e extensão destes círculos, teve outro intento mais alto, sem dúvida foi para nos declarar, com a propriedade desta comparação, o modo com que os OO dos desejos da Senhora, ao passo que se multiplicavam, juntamente se estendiam. A Virgem Maria era o mar, que isso quer dizer Maria; a pedra era o Verbo encarnado, Cristo: *Petra autem erat Christus* (S. Paulo, *ad Corint.*, X, 4); o primeiro toque no mar foi quando o anjo, na embaixada à Virgem, lhe tocou em que havia de ser mãe, com bênção sobre todas as mulheres. [...] E que sucedeu então? Duas cousas notáveis. A primeira, que a serenidade daquele mar puríssimo se turbou um pouco: *Turbata est in sermone ejus*. A segunda, que, sossegada esta perturbação, *Ne timeas Maria*, no mesmo ponto em que a Senhora disse *Fiat mihi secundum Verbum tuum* e a pedra desceu a seu centro, logo os círculos, que eram os OO dos desejos da Senhora, se começaram a formar e a crescer no seu coração[188].

Assim pois os círculos provocados pela queda da pedra na água não são apenas a imagem da progressão geométrica, segundo a qual se multiplicam os *OO* do desejo da Virgem, assim como um zero à direita multiplica um número. São também uma figura em que se pode ler o nome de Maria (= *maria*), o nome de Cristo, que é a Pedra segundo São Paulo, e a narrativa evangélica da Anunciação, pois que o mar "se perturba" como a Virgem Maria no momento em que Cristo, a Pedra, entrou em seu seio. Mais ainda, a figura do mar onde a pedra cai contém uma palavra que também se encontra, não na narrativa evangélica, mas no acontecimento que esta narrativa descreve: a palavra "tocar". A pedra "tocou" a água, e o anjo Gabriel, falando a Maria, "tocou" no assunto da sua gravidez.

Neste trecho, são usados três processos diferentes. Primeiro a decifração de um fenômeno da natureza como figura de um fato sagrado. Em seguida, o processo de pôr em relação este fenômeno e as palavras do texto sagrado. Enfim o processo de extrair do interior das coisas as palavras que aquelas contêm: de um lado o fenômeno da Natureza, de outro um acontecimento (e não uma narrativa).

E. *Equação entre as coisas e os textos*

As análises precedentes mostram que não há diferença entre coisas e textos no que se refere aos métodos empregados para decifrá-los: recorre-se à "filosofia" para extrair o ensinamento contido num texto, à etimologia — e de uma maneira geral às disciplinas relacionadas com a retórica — para destacar o enun-

188. X, 218-9.

ciado contido num fato da Natureza ou da História. Muitas vezes, aliás, não sabemos se o autor está comentando um texto ou uma coisa. Grande parte das imagens de Vieira não são tomadas diretamente da Natureza, mas de textos bíblicos e mesmo de textos profanos. O grão que germina, as redes do pescador, o crivo para peneirar a farinha, a árvore julgada pelos frutos, o sal, a vinha e tantos outros. se encontram nos Evangelhos. O espelho, tão apreciado por Vieira, o camaleão que se assemelha a certos cortesãos, a aranha que constrói sua morada nos palácios, os rios que retornam ao mar, etc. vêm dos *Provérbios* ou do *Cântico* de Salomão. Os *Salmos*, os livros de Jó e dos Profetas são citados, a torto e a direito, para dar a uma imagem o peso de uma palavra sagrada. Até um episódio, como o da tromba marinha, é evocado através do testemunho do Rei Davi[189]. Certos autores da antiguidade, sobretudo filósofos, naturalistas, Virgílio, Sêneca, merecem também este nome de avalistas de imagens.

Quando Vieira nos apresenta um fato da natureza, já o faz geralmente em referência a um texto. Para nos falar sobre as propriedades do sal, baseia-se, como vimos, em Aristóteles, Plínio e São Cromácio. Citações de Plínio comprovam a descrição da pedra imantada e do tornassol[190]. Mesmo um fato tão conhecido por experiência pessoal como o do movimento aparente da costa em direção oposta ao movimento do navio se apóia numa citação de Virgílio[191]. Parece que não há coisa sem texto correspondente e que, de certa maneira, os textos revestem as coisas da dignidade indispensável para que se apresentem em público.

Não sabemos, nesses casos, se Vieira comenta o texto ou a coisa. Acontece, de fato, que o texto é a coisa, e a coisa, o texto. Vê-se isto muito bem na árvore da medicina a que já fizemos alusão.

Apoiado em dois textos do *Ecclesiaste,* Vieira conclui que Deus criou a árvore da medicina para compensar os efeitos mortais da Árvore da Vida: *Altissimus creavit de terra medicinam... Honora medicum* [...] *etenim illum creavit Altissimus.*

De que terra ou em que terra, o Altíssimo criou esta nova árvore? No meio da Terra, como já o fizera para a primeira árvore, pois era preciso que a árvore da medicina pudesse se aproveitar dos produtos dos quatro continentes.

---

189. I, 129-30. Notemos que Vieira não cita a bela descrição de Camões, que certamente devia conhecer. O próprio nome de Camões nunca foi pronunciado por Vieira, em cuja obra encontram-se, porém, ecos dos *Lusíadas* e das obras líricas.

190. II, 288; VI, 51.   191. I, 126.

Prossegue o paralelo entre as duas árvores, mas já não mais com o texto da Bíblia, antes com a própria árvore, que é analisada parte por parte como se analisa um texto palavra por palavra.

Primeira parte: raízes. Extraem da terra tudo o que serve para curar. São regadas por águas medicinais e pelo mar rico em iodo. Segunda parte: o tronco. Produz todas as madeiras medicinais,

... dos quais, ou abertos os poros com o calor do sol, se destilam em suores, ou feridos mais interiormente nas veias, correm como o sangue os bálsamos e as mirras; e estas, pelo parentesco que têm de humores, ou restringindo ou relaxando (como no instrumento as cordas) os reduzem facilmente à natural harmonia.

Terceira parte: os que habitam à sua sombra. Aqui intercala-se um texto de Daniel: *Subter eam habitabant animalia et bestiae, et in ramis ejus conversabantur volucres coeli*. De fato, todos os autores que estudaram os animais deixaram informações sobre os remédios que deles podem ser extraídos ou que ensinam a fabricar. Quarta parte: as folhas. Lemos no *Apocalipse: Lignum vitae et folia lignum ad sanitatem gentium*. Que folhas são essas senão as inumeráveis dos livros de medicina, contando cada uma um medicamento? Quinta parte: as flores. Foi com flores que a Esposa do *Cântico* curou o Amante do mal de amor, a mais grave das doenças, como o demonstra o texto: *Fulcite me floribus, stipate me malis*[192].

Eis um comentário que não distingue os textos das coisas. O comentário dos textos prossegue no da coisa e o comentário da coisa no do texto. Passa-se de um a outro como se não houvesse mudança de plano.

Trata-se de uma equivalência que, no exemplo em estudo, permite amalgamar os dois para formar com eles um único conjunto. Outros resultados, porém, podem ser obtidos pela equivalência de textos e de coisas. Já encontramos no decorrer deste estudo a operação que podemos denominar "permuta". Os tumultos de Lisboa podem "permutar" com a tempestade de Virgílio, de tal maneira que, através dela, eles se tornam, não em imagem, mas realmente, a tempestade do lago de Tiberíades.

Mas há ainda outros processos. Na aclamação de D. João IV, o rei posto pela revolução que restabeleceu a independência da nação, ocorreu um milagre: a mão do Cristo crucificado desprendeu-se da cruz. Viram nisso um presságio favorável à Res-

---

192. VIII, 404-9.

tauração. Vieira aplica a este prodígio o texto de São Lucas referente à infância de São João Batista: *Quis putas puer iste erit? Etenim manus Domini erat cum illo.*

Viam [os Judeus] os milagres, viam as maravilhas, viam as mercês extraordinárias que Deus, com mão tão liberal, fazia a João, logo em seus princípios, e do *erat* tiraram o *erit*, das experiências do que era inferiram evidências do que havia de ser, porque aqueles benefícios de Deus presentes eram prognósticos das felicidades futuras: *Etenim manus Domini erat cum illo.* Assim como a quiromancia humana, quando quer dizer a boa ventura, olha para as mãos dos homens, assim a quiromancia divina, a arte de adivinhar ao celeste, olha para as mãos de Deus, e como a mão de Deus estava tão liberal com João [...] na disposição destas primeiras liberalidades, como em caracteres expressos, estavam lendo a sucessão das futuras; e das grandezas maravilhosas que já eram julgavam as que correndo os anos haviam de ser. Ora, grande simpatia tem a mão de Deus com o nome de João. Bem o mostrou o Senhor na feliz aclamação de Sua Majestade [...], pois aos ecos do nome de João despregou da cruz o braço do mesmo Cristo, assegurando-nos que, assim como a mão de Deus estivera com o primeiro João de Judéia, assim estava e havia de estar sempre com o quarto de Portugal: *Etenim manus Domini erat cum illo.* Bem experimentamos esta assistência nos sucessos que referi e em todos os felicíssimos do ano passado, que em todas as cousas que Sua Majestade pôs a mão, pôs também a divina a sua. E se estes ou semelhantes efeitos foram bastantes prognósticos para uns montanheses rústicos, assaz claro foi o modo de prognosticar que segui, falando entre cortesãos tão entendidos[193].

No texto de São Lucas, a "mão" de Deus é metafórica, isto é, verbal; no fato a que se refere o pregador, ela é material. Pela aproximação entre o texto e o fato, a mão verbal do texto torna-se material ou real e a mão material do fato torna-se metafórica, pois a expressão "pôr a mão" significa ao mesmo tempo "empreender" e "proteger". A mão é, então, comum aos dois elementos da relação. Esta mão única tem "linhas" em que se pode ler o futuro, como se fossem caracteres escritos. O acontecimento se pode ler: é um texto. Por outro lado, o nome João é, também, comum ao texto e ao fato, e sabemos que a identidade da forma verbal corresponde a uma identidade de substância. Há, pois, um único João, no texto como no fato, como há também uma única mão. Desta maneira o texto e o fato não são paralelos, eles se entrelaçam: uma mesma realidade perpassa por eles.

No entanto, este entrelaçamento não chega a abolir o paralelismo — e esta simples afirmação demonstra como o discurso engenhoso desafia a lógica do bom senso — pois entre um e

---

193. I, 340.

outro pode-se estabelecer uma correspondência, em parte atual e em parte virtual. Do *erat* concluíam os Judeus a grandeza futura de João Batista; e como este *erat*, que indica um fato, se encontra também no fato em questão — a mão de Deus esteve material e metaforicamente com D. João IV — pode-se igualmente concluir com um *erit* o êxito futuro do rei.

Neste texto de Vieira tudo é híbrido, ambíguo, em plena metamorfose. A palavra muda de sentido, o texto é invadido pela coisa, a coisa torna-se texto, o paralelo é também entrelaçamento e, apesar disso, mantém-se paralelo.

F. Conclusão

As observações precedentes confirmam que, para Vieira, o texto e a coisa estão no mesmo plano. Passa-se de um a outro como se as aspas não exercessem função. Ora um texto é interpretado como coisa, ora a coisa como texto, ora um é o prolongamento do outro, ora eles se emaranham. De um texto extrai-se uma coisa; de uma coisa, uma palavra. As mesmas técnicas de análise verbal são válidas tanto para um como para outro.

De qualquer maneira — ou desta maneira — o texto do próprio autor é um comentário, isto é, uma leitura e uma explicação. O conjunto constituído pelo texto sagrado, por textos profanos nos quais Deus, de certa maneira, também falou, e pela Natureza que, com a História, é uma figura falante da verdade divina, forma um contexto único, cujos termos — coisas, imagens das coisas e palavras — se explicam entre si.

No momento o que nos interessa não é o lado ideológico desta constatação, mas as conseqüências dela decorrentes para o discurso engenhoso.

Salientemos, em primeiro lugar, que a equivalência entre texto e coisa permite estabelecer relações que o discurso clássico proíbe rigorosamente entre termos não somente diferentes, mas de natureza diversa e que pertencem a campos que não são comparáveis, como, por exemplo, entre um significado isolado do significante e um significante isolado do significado. Esta equivalência torna possível qualquer espécie de relação, faz com que se possa permutar a imagem com o conceito e legitima a contínua metamorfose das palavras.

Por outro lado, a equivalência entre texto e coisa faz que qualquer discurso seja apenas um comentário sobre esta inesgotável realidade falante constituída por tudo quanto existe. Por isso a expressão "discurso lexicológico" define muito bem o discurso engenhoso. De fato, as regras a que obedecem os significantes que não têm mais uma relação biunívoca com os significados são, no fundo, as da gramática, da lexicologia e da retórica. As relações lógicas e as que decorrem das leis científicas só se aplicam aos significados. Eis por que, já o vimos, o discurso clássico supõe uma distinção definida entre o texto e o que chamamos conceito ou "realidade". Se esta distinção é abolida, ficam apenas as relações gramaticais entre as palavras e os conjuntos que elas constituem. O comentário é verbal: é o comentário desse grande texto a que se reduz tudo o que existe.

Para um autor engenhoso como o Padre Vieira tudo é Palavra ou Fala. Mas a Fala não conhece fronteiras.

2. O PREGADOR, DEUS E SEU POVO NA BAHIA EM 1640 ESTUDO DO SERMÃO "PELA VITÓRIA DE NOSSAS ARMAS CONTRA AS DOS HOLANDESES"

Em maio-junho de 1640, os holandeses cercavam a Bahia, capital do Brasil. Os portugueses viam-se à beira da catástrofe iminente. A esquadra enviada de Lisboa para combater o inimigo se dispersara no mar e o que sobrara tinha sido desbaratado pelos holandeses. Não havia esperança de outros socorros e a cidade estava na expectativa de uma situação tão penosa como a de 1624, quando os holandeses a tinham dominado, obrigando os colonos a fugirem para as fazendas do interior ou para o sertão. As igrejas foram então profanadas e os padres, a muito custo, conseguiram apenas salvar os objetos sagrados. No ano seguinte, os portugueses reconquistaram a Bahia, mas a guerra prosseguiu[1].

Nessa guerra, defrontavam-se católicos e protestantes. O que estava em causa era, sem dúvida, o domínio do açúcar, mas era também o destino religioso dessa imensa região da América.

1. A história dos acontecimentos de 1624 foi feita pelo próprio Vieira na carta anual do Colégio da Bahia ao Geral dos Jesuítas de 1626, reproduzida por L. d'Azevedo, nas *Cartas* de Vieira, I.

Do lado dos portugueses o clero tomou parte ativa na luta, e o bispo da Bahia comandou pessoalmente as forças que expulsaram o invasor. Os pregadores, tendo à frente os jesuítas, convocavam o povo para uma espécie de guerra santa.

Foi diante desse povo angustiado, comprimido na Igreja de Nossa Senhora da Ajuda, e que, como num navio naufragando, só sabia rezar e clamar: "Misericórdia, Senhor", que um jovem jesuíta, de 32 anos, Antônio Vieira, pronunciou um sermão que ficou célebre, e que sobreviveu ao desfecho feliz e inesperado dos acontecimentos que terminaram com o levantamento do cerco. Este sermão, conhecido pelo título de *Sermão pela vitória das nossas armas contra as dos holandeses*, foi, segundo o Padre Raynal, o "discurso mais veemente e extraordinário que possivelmente alguma vez se ouviu de um púlpito cristão"[2].

O extraordinário deste discurso é que o pregador não se dirige aos fiéis, mas, novo Moisés, ao próprio Deus, em nome do povo. Tomando como tema um texto do Salmo 43, em que o Rei Davi diz: "Acordai, Senhor, por que dormis?", Vieira declara, logo de início, que não é seu propósito converter os pecadores que o ouvem, mas ao próprio Deus. Faz, pois, exatamente o oposto do que era costume em tais circunstâncias: não quer levar o povo ao arrependimento como já o haviam tentado os pregadores que o antecederam, nem purificar a cidade com penitências, para atrair a misericórdia de Deus. Quer exigir de Deus a proteção, a que, segundo ele, o povo tem direito, apesar dos pecados, ou antes por causa desses mesmos pecados. "Quero eu, Senhor, converter-vos a vós"[3], diz ele. Durante o êxodo, Deus perdoou aos hebreus pecados muito mais graves, e, apesar de tudo, os portugueses não são tão heréticos como os holandeses. O pecado é uma razão a mais para o perdão do que para o castigo. Jó disse a Deus: "Por que não afastas os meus pecados e pões fim à minha iniqüidade?" E também: "Pequei, que mais posso fazer contra ti?"[4] Como Jó, os portugueses, pecando, davam a Deus uma ocasião para demonstrar a sua grandeza, perdoando-os. Os ouvintes de Vieira, ouvindo-o falar dessa maneira, só podiam pensar que competia a Deus, e não a eles, fazer alguma coisa.

Vieira não falava diante de uma academia barroca, sequiosa de "conceitos" e paradoxos, mas diante de um povo em

---

2. Raynal, Guillaume Thomas, *Histoire philosophique et politique des Etablissements et du Commerce des Européens dans les deux Indes*, Gênova, 1780, p. 381, citado por Cantel, *Prophétisme et messianisme dans l'oeuvre du Père Antonio Vieira*, Paris, 1961, p. 14.
3. Cito segundo a edição de H. Cidade, *Obras escolhidas de Vieira*, X, p. 48.
4. *Ibidem*, pp. 73-4.

pânico. Pertencia ele a uma ordem religiosa que, nessa batalha, estava ameaçada de perder um império florescente. O que lhe importava não era o brilho oratório, mas o resultado palpável: a retirada dos holandeses. E não encontra outra maneira de se fazer ouvir por Deus.

João Lúcio d'Azevedo, o grande biógrafo de Vieira, vê nesta construção um artifício literário, uma prosopopéia, através da qual, todavia, se exprimia um sentimento real: o amor do autor "por sua terra e por sua raça"[5]. Este comentário é um exemplo frisante do abismo que separa um burguês do século XX de um religioso ibérico do século XVII. Para o primeiro, mesmo que não se declare ateu, Deus não é uma pessoa, mas, quando muito, uma noção útil em certo número de raciocínios, ou então um conceito indispensável para compreender a ordem do universo. Toda personalização parece-lhe efeito de retórica. Mas ele esquece que, para um jesuíta do século XVII, assim como para os seus ouvintes, Deus era uma realidade temível ou amável, e jamais poderia ser tratada como os deuses gregos dos literatos do Renascimento.

*

Não se deve, sem dúvida, menosprezar o lado literário ou artístico desta bela peça oratória. Vieira, entre outras coisas, era um escritor de muito valor, o que equivale a dizer: um criador de ficções. No nosso sermão, ele faz sua a situação do Rei Davi no Salmo 43. Acuado, à beira de um abismo, o rei se volta para Deus, mas em vez de fazer o *mea culpa*, espanta-se com o esquecimento e a negligência de Deus, pede-Lhe explicações, e lembra-Lhe, num protesto solene, que Ele se obrigou a proteger e ajudar o suplicante, não por causa da aflição dum povo angustiado, mas para que não fosse atingida a glória divina: *propter nomen tuum*.

Vieira, após evocar esta situação e mostrar que as tribulações, descritas no texto bíblico, são não só as do povo de Davi, mas também as dos portugueses do Brasil, passa a representar o papel de Davi, retoma, interpreta e desenvolve as palavras dele. Trata-se de um jogo dramático e não de uma simples súplica amplificada, isto é, de um jogo onde há uma situação e personagens, ainda que o Outro, aquele a quem o único ator visível em cena se dirige, permaneça invisível.

A evocação de outras situações bíblicas reforça o caráter dramático do sermão. A de Moisés quando Deus, irado contra os hebreus que adoravam o bezerro de ouro, quis destruir seu povo.

---

5. L. d'Azevedo, *História de Antônio Vieira*, I, 2ª ed., p. 48.

Moisés pediu-lhe então que pensasse no que diriam os egípcios: de nada lhe tinha adiantado retirar o seu povo do Egito, à custa de tantos sofrimentos, se se dispunha a deixá-lo morrer no deserto. Esta preocupação do "que dirão" fez Deus recuar e salvou os hebreus. Também aqui, o discurso da personagem bíblica não é uma mera súplica, mas uma espécie de meio de pressão psicológica.

Mas o episódio bíblico, que na minha opinião melhor exprime este gênero de relação dramática entre Deus e sua criatura, é o de Jó, evocado várias vezes por Vieira. Talvez nunca se tenha expressado de maneira tão veemente a autonomia radical do homem diante de Deus, seu criador. A atitude de Jó é, sem dúvida, de submissão, mas também de dignidade pessoal. Na interpretação de Vieira, ele chega a altercar com Deus e mesmo a ameaçá-lo, quando diz: "Dormirei no pó e, amanhã, se me chamares, já não estarei aqui"[6]. O livro de Jó é, de fato, um dos textos mais dramáticos de toda a história da literatura, na medida em que exprime a alteridade irredutível de dois seres, um dos quais reconhece a própria impotência e a onipotência do outro. Eis por que o monólogo e a interpelação são as maneiras de expressar-se, ao contrário da atitude mística de despersonalização, de identificação entre a criatura e seu Deus, a que conduz a oração.

Assumindo o papel dramático de interlocutor de Deus, o pregador procura, para convencê-lo, os argumentos mais eficazes. Decerto, para tomar a liberdade de tentar "converter" Deus, fundamenta-se na infinita misericórdia divina. E é do próprio Deus que vai tirar os argumentos contra Deus. Não deixa, no entanto, por isso de assumir uma atitude de requerente:

> Tão presumido venho de vossa misericórdia, Deus meu, que ainda que nós somos os pecadores Vós haveis de ser o arrependido...........
> ....
> Se a causa fora só nossa e eu viera a rogar só por nosso remédio, pedira favor e misericórdia. Mas como a causa, Senhor, é mais Vossa que nossa, e como venho a requerer por parte da vossa honra e glória e pelo crédito de vosso nome — *propter nomen tuum* — razão é que peça só razão, justo é que peça só justiça. Sobre este pressuposto vos hei de argüir, vos hei de argumentar, e confio tanto da vossa razão e da vossa benignidade, que também vos hei de convencer[7].

Os argumentos do arrazoado introduzidos por este exórdio não são de ordem intelectual, extraídos da definição teológica

---

6. *Obras Escolhidas*, cit. X, p. 61.
7. *Ibid.*, pp. 47-8.

de divindade. Como bom advogado, Vieira salienta os argumentos psicológicos e desenvolve uma tática que leva em conta os sentimentos, e até mesmo, se é que se pode dizer assim, as fraquezas do Juiz, procurando atingi-lo no reduto de sua subjetividade.

Realça, de início, o amor-próprio de Deus. O pregador retoma o argumento do "que vão dizer", empregado com grande sucesso por Moisés no Sinai. Eis em resumo o que diz Vieira:

Que dirão, que dizem já da destruição dos portugueses do Brasil pelos heréticos? Que dirão os gentios do Brasil, os índios bárbaros e inconstantes, os negros que da fé conhecem apenas a água do batismo? Vão, sem dúvida, tirar as conseqüências do que vêem e concluir que os verdadeiros crentes são os holandeses. Foi para isso, então, que Deus fez os portugueses saírem de sua pátria, enfrentarem tempestades em mares desconhecidos, lavrarem novas terras e construírem, com muito trabalho, cidades em climas novos? Vão dizer que Deus quis que desbravassem as terras e trabalhassem em benefício dos inimigos?

Deus certamente pode responder que não precisa dos portugueses, já que é onipotente e pode transformar pedras em filhos de Abraão. O pregador argumentará então que esta não é maneira usual de Deus agir. Desde Adão não fez novos homens, e a parábola do Banquete, no Evangelho, mostra que só recorreu aos piores quando os melhores falharam: de fato, somente depois da recusa dos convidados que Ele mesmo havia escolhido foi que o dono da casa mandou entrar os cegos e aleijados. Ora os convidados, diz ele, somos nós, que Vós mesmo escolhestes para desfrutar dessas terras. Por que então chamar os cegos e aleijados, isto é, os heréticos, quando não faltamos ao vosso apelo? Por que revogar contra nós as leis por Vós estabelecidas?

O pregador parece querer também impressionar a Deus pelas conseqüências que terão os acontecimentos, se chegarem até o desfecho previsível. Se Deus quer tirar o Brasil dos católicos para dá-lo de presente aos heréticos, que o faça, já que isso é do seu bel-prazer. Que aniquile mesmo tudo o que há de portugueses e espanhóis no mundo. Mas que se lembre das palavras de Jó: "Dormirei no pó e amanhã, se me chamares, já não estarei aqui". Um dia, talvez, necessitareis dos portugueses, lhe diz ele, e dos espanhóis, mas já não os encontrareis. O pregador torna-se irônico e quase sarcástico: em vez deles, os holandeses se encarregarão de pregar a doutrina católica, de defender a Igreja Romana, de consagrar os padres, de administrar os sacramentos. Depois Vieira muda de tom rapidamente e evoca outra espécie de conseqüências que comovem com mais facilidade um coração sensível. O pregador parece querer proteger Deus de ações cujas conseqüências o farão sofrer. Que saiba bem que vai fazer, para depois não se arrepender. Outrora Deus foi sensibilizado até as entranhas (segundo um versículo do Gênesis) pelo macabro espetáculo do Dilúvio. Como se quisesse ajudá-Lo, o pregador intenta delinear-Lhe um quadro impressionante das desgraças que esperam o Brasil se os portugueses forem vencidos:

> Este sois, Senhor, este sois; e pois sois este, não Vos tomeis com Vosso coração. Para que é fazer agora valentias contra ele, se o seu sentimento e o Vosso as há de pagar depois? Já que as execuções de Vossa justiça custam arrependimentos à Vossa bondade, vede o que fazeis, antes que o façais, não Vos aconteça outra. E para que o vejais com cores humanas que já Vos não são estranhas, dai-me licença que eu Vos represente primeiro ao vivo as lástimas e misérias deste futuro dilúvio, e se esta representação Vos não enternecer e tiverdes entranhas para o ver sem grande dor, executai-o embora[8].

O sermão atinge, então, o clímax. O pregador acredita que sua palavra insistente e hábil vá comover o coração divino. Passa a descrever os acontecimentos futuros de tal modo que Deus possa ter uma idéia, palpável, do massacre dos homens, mulheres, velhos, crianças, padres, da profanação dos vasos sagrados em mãos de ébrios, das imagens dos santos e da Virgem jogadas ao fogo, do silêncio das igrejas invadidas pelo mato.

> Passará um dia de Natal e não haverá memória de vosso nascimento: passará a Quaresma e a Semana Santa e não se celebrarão os mistérios de vossa Paixão. [...] Não haverá missas nem altares, nem sacerdotes que as digam, morrerão os católicos sem confissão nem sacramentos, pregar-se-ão heresias nestes púlpitos, e em lugar de São Jerônimo e Santo Agostinho, ouvir-se-ão e alegar-se-ão neles os infames nomes de Calvino e Lutero. [...] E chegaremos a estado que, se perguntarem aos filhos e netos dos que aqui estão: – Menino, de que seita sois? Um responderá: – Eu sou calvinista. – Outro: – Eu sou luterano[9].

É isto que o pregador e os cristãos prostrados na Igreja querem impedir, clamando insistentemente a Deus para que ponha fim à sua cólera e às suas execuções. Agem assim não pelos prejuízos materiais que terão, mas pelas perdas espirituais, que atingirão o próprio Deus. "É por Vós, por Vossa glória e por Vossa honra, que Vo-lo pedimos: *propter nomen tuum*".

Assombra-nos esta audaciosa expressão de confiança no poder da Palavra, não somente no plano humano, mas também no divino. Voltemos à estratégia de Vieira: escolhe um terreno classicamente vantajoso e eficaz para uma petição: deseja mais o bem e a honra daquele a quem faz o pedido de que os seus próprios. Deus não deve nada aos miseráveis portugueses: é con-

---

8. *Ibid.*, p. 66.   9. *Ibid.*, p. 69.

sigo mesmo que ficará em dívida, pois que se beneficiará a si próprio se perdoar os pecados aos portugueses. E nesse ponto o pregador usa um argumento muito valioso: se Deus castigar os portugueses, que provará com isso? Destruiu-lhes a esquadra pelo vento, e que glória lhe advém de poder o que pode o vento? ou mesmo de expulsar uma nação das suas terras para nelas implantar outra? Punindo os homens, Deus se nivela às criaturas; só perdoando é que pode medir-se consigo mesmo, pois então deve dominar uma justa cólera.

Apesar de tudo que há de espantoso nestes argumentos, a conclusão do sermão consegue ainda nos surpreender. O pregador não se dirige mais ao Deus do Sinai, mas ao filho da Virgem. Cristo está obrigado a perdoar por sua Mãe, padroeira do Reino, que lhe pede isso. Por ter se tornado homem, está sujeito ao dever de obediência filial. Cumpre-lhe dar aos homens bons exemplos: de obediência e de perdão. Além do mais, argumento final e inesperado, está obrigado a seguir o exemplo que os próprios homens lhe dão, quando por amor de Deus perdoam as ofensas, submetendo-se ao versículo do Pater: "perdoai as nossas ofensas como perdoamos aqueles que nos têm ofendido".

Seria pouco afirmar que, com esta argumentação perante Deus, Vieira nos proporciona um grande espetáculo e nos demonstra o seu gênio como criador de ficções. O autor-ator nos dá uma lição sobre a arte de cativar, se assim se pode dizer, um parceiro, que aqui é nada menos que o próprio Deus. Percorre um leque muito rico de sentimentos: súplica, censura, carinho, conselho quase paternal, ameaça, e, se não chega até a blasfêmia, passeia perigosamente nas bordas desse abismo a ponto de assustar os ouvintes. De certa maneira, aliás, o interesse do jogo está não no que diz, mas naquilo que parece prestes a dizer, e no equívoco em que nos deixa, sem sabermos se um pensamento aflorou ou não aos lábios do orador. Esse jogo ajuda a manter o suspense.

Deus, porém, não está somente no interior do espetáculo, como uma personagem muda, está no exterior também, enquanto público, ou destinatário da mensagem, pois que o êxito de toda esta argumentação só seria medido pelo efeito que tivesse junto de Deus. Se ficasse satisfeito objetivamente — e não somente como *personna dramatis* — a Bahia seria salva. Ele é o Juiz a quem se dirige a defesa. Quanto aos ouvintes do sermão, também estavam no interior do espetáculo, pois eram os figurantes, ainda que mudos (ou talvez não, já que as orações em coro acompanhavam às vezes os sermões e este que comentamos terminou verossimilmente pela recitação coletiva do Pater), cujos sentimentos se manifestam pela voz do pregador-corifeu. Desempenham o papel do coro. Mas encontram-se também no exterior: sua sorte, a perda ou conservação das casas, dos escravos, dos negócios, das igrejas, dependem do desfecho desta espécie de duelo, entre o corifeu e Deus, que eles acompanham com esperança e temor.

É, de certa maneira, o espetáculo absoluto, a ambição secreta de todo grande artista, isto é, espetáculo em que não existem atores e espectadores. O público não é público porque participa da peça: o protagonista representa como se fosse um papel de ator a paixão que ele próprio sente; as *personnae dramatis* não o são, pois objetivamente constituem o destinatário e o emissor da mensagem. Tudo é espetáculo ou nada o é, conforme o ponto de vista.

Será mesmo um espetáculo, uma ficção? É aqui que cabe muito bem uma reflexão de Fernando Pessoa (que foi, aliás, grande admirador de Vieira).

> O poeta é um fingidor: finge tão completamente que chega a fingir que é dor a dor que deveras sente.

O sermão que estamos comentando é uma ilustração eloqüente deste pensamento. O Deus de quem Vieira faz uma personagem de teatro é o Deus em quem crê; os argumentos de defesa que imagina tão engenhosamente exprimem o seu relacionamento com este mesmo Deus; o papel que representa na peça imita artisticamente a ação que o pregador desempenha na vida. Todo este sermão é uma "simulação" dos sentimentos que ele e seus ouvintes experimentam realmente. E o papel dramático desempenhado por Deus é uma "simulação" das suas relações reais com os homens, segundo a crença religiosa de Vieira e daqueles que o ouviam.

* * *

A forma dramática — escolhida, como acabamos de ver, por Vieira — é aquela em que existem várias pessoas, isto é, várias subjetividades. Deus é uma pessoa como o próprio pregador, que se mostra muito ousado nesta concepção personificante, antropomórfica de Deus.

Temos diante de nós o Deus do Gênesis, aquele que passeia no Paraíso para se deleitar, que fala a Adão e se zanga por inveja, porque o primeiro homem, tendo aberto os olhos para o Bem e para o Mal, tornou-se "semelhante a um de nós": segundo Vieira, foi um excesso de cólera imprudente que provocou o Dilúvio. Mas nem por isso Deus era incapaz de ternura e de arrependimento, insensível aos argumentos que homens, como Moisés, lhe apresentavam contra decisões já tomadas.

Vieira contava justamente com esta subjetividade de Deus, da mesma natureza que a dos homens. Não o surpreendiam suas mudanças de humor, seu amor-próprio ferido, sua preocupação com o que vão dizer, de que dá provas em todo o Pentateuco. Explora as fraquezas de Deus; mostra-lhe as incoerências que obscurecem a sua glória e o pressiona para que seja Ele mesmo. Se em tal ocasião, diz Vieira, fizestes isso, por que em situação análoga fazeis aquilo? Neste gênero de argumentos, o pregador dá mostras de uma audácia temerária: "Sois o mesmo ou sois outro?"[10] E até chega a tentar amedrontar a Deus lembrando-lhe os seus sentimentos instáveis, quase a sua volubilidade: se Deus tem um coração sensível, como o demonstra a sua própria história, por que quer tornar-se duro? "Não Vos tomeis com Vosso coração"[11].

Esta natureza antropomórfica de Deus exprime-se às vezes em termos físicos. Deus impressionou-se com o espetáculo dos cadáveres que, no auge do Dilúvio, boiavam nas águas:

> Vistes Vós também (como se o vísseis de novo) aquele lastimosíssimo espetáculo; e posto que não chorastes, porque ainda não tínheis olhos capazes de lágrimas, enterneceram-se, porém, as entranhas da vossa divindade "com tão intrínseca dor": *tactus dolore cordis intrinsecus*[12].

Na época do Dilúvio, Deus via, mas ainda não tinha olhos como os dos homens, capazes de derramar lágrimas: eis por que a sua dor se manifestou "no mais íntimo de suas entranhas". Só terá olhos depois da Encarnação, quando se tiver feito homem. Então será capaz não somente de derramar lágrimas como também de tornar-se sensível às cores dos quadros. É para estes olhos sensíveis de Deus, após a Encarnação, que Vieira procura delinear as conseqüências visíveis da perda da Bahia, para que Ele não venha a sofrer por causa disso como sofreu com o Dilúvio:

> E para que o vejais com cores humanas, que já Vos não são estranhas, dai-me licença que eu Vos represente primeiro ao vivo as lástimas e misérias deste futuro Dilúvio[13].

Este achado literário de uma audácia barroca, para o qual já chamamos a atenção, este excesso quase blasfematório de iconografia não poderia ser levado a sério por nenhum teólogo cristão do século XVII. Trata-se, repitamos ainda, de uma simula-

---

10. *Obras cit.*, X, p. 69.   11. *Ibid.*, p. 66.
12. *Ibid.*, p. 65.   13. *Ibid.*, p. 66.

ção artística; no entanto, esta simulação permitia que o pregador exprimisse um sentimento, pelo qual se identificava com o povo, e que talvez não se atreveria a manifestar de uma maneira direta.

O Deus-pessoa de Vieira é o Deus do Antigo Testamento, que falava a Adão, Abraão, Moisés, Jó, ora sob a forma de que Adão era "imagem e semelhança", ora sob as aparências do fogo ou da tempestade. Era uma Voz, revestida de humanidade.

Sabemos que vamos contra uma crença generalizada, quando insistimos no caráter antropomórfico do Deus do Antigo Testamento, fundamento da fé judaica. A imaterialidade de Javé, cujos contornos são impossíveis de apreender e que representa, na opinião de Freud[14], o triunfo da espiritualidade sobre os sentidos, opõe-se ao caráter corporal dos deuses gregos, considerados super-homens. Esta oposição, no entanto, tem um sentido que não é talvez o que lhe atribuem geralmente.

Os deuses de Homero são seres da Natureza, isto é, observados de fora, como manifestações de poderes mágicos, e para sobreviver fisicamente cumpre ao homem vencê-los ou a eles acomodar-se. Vistos e descritos na terceira pessoa, a pessoa da epopéia, são "objetivos", com extensão e lugar bem determinados num espaço ordenado e seus atos se situam numa corrente de causas e efeitos. Portanto, limitados e relativos, ainda que poderosos. Em resumo, são a Natureza, concebida à imagem do homem.

O Deus bíblico, pelo contrário, não é observado de fora. Está diante de nós, como o Outro que nos fala. Não é um Ele, mas um Tu ou um Vós. Portanto não é objetivo, é a própria subjetividade, transposta em Outro. Eis por que não tem limites, lugar no espaço, e fica fora de qualquer causalidade, como tão bem explicou o teólogo Bultmann[15]. É percebido como uma voz: "Abraão, Abraão! — Eis-me aqui, Senhor!" O olhar não pode apreender o deus bíblico como apreende os deuses de Homero. Auerbach nos evidencia bem esta diferença analisando exemplos das duas espécies[16].

Porém, este Tu, que me fala, é também concebido à imagem e semelhança do homem, de quem é finalmente apenas o Outro, o que permite entre o homem e Ele um relacionamento pessoal,

---

14. S. Freud, *Moise et le Monothéisme*, trad. fr. na coleção "Idées", 1966.
15. R. Bultmann, *Le Christianisme primitif*, trad. fr. na coleção "Petite Bibliothèque Payot", pp. 24 e 251.
16. Auerbach, *Mimésis*, trad. fr. Gallimard, 1969, chap. I. [Trad. Bras.: *Mimesis*, São Paulo, Perspectiva, 1971, Estudos 2.]

intersubjetivo. E como pode ser observado de fora, como não é um Ele, mas um Tu, não é Natureza, mas Espírito, e sendo Espírito não pode ser visto nem concebido como objeto. É a imagem do homem, mas apenas sua imagem psíquica, com exclusão de toda materialidade. É uma pessoa, enquanto os deuses de Homero são indivíduos. O relacionamento entre o Deus bíblico e os fiéis é pessoal, e os ritos representam ora o penhor de uma obediência filial, ora vínculos intercomunitários. Pelo contrário, as relações entre os deuses gregos e aqueles que lhes são submissos têm exclusivamente uma natureza mágica, sendo a magia um conjunto de técnicas "objetivas" e manipuladoras, que, espera-se, levarão os deuses a agirem num ou noutro sentido.

Esta natureza psíquica e subjetiva do Deus bíblico é perfeitamente compatível com o caráter apaixonado e instável que o Pentateuco e outros livros do Antigo Testamento lhe atribuem. É próprio do homem esta inveja, este amor-próprio, estas inconstâncias de humor, de que Vieira procura tirar partido; constituem, tanto quanto desvarios e desobediências de Israel, o próprio tecido da história deste povo, como no-la conta o Antigo Testamento. É um diálogo entre duas vontades, o Eu e o Tu, que começa pelo pecado de Adão.

Sem dúvida (e talvez sob a influência de outra fonte religiosa mais racionalizada) os teólogos judeus extraíram desta ganga, demasiado humana, um deus universal e inalterável em sua perfeição. Também o Cristianismo, ainda que faça Deus baixar à terra, tende para esta depuração. No entanto, Deus continuou sempre o Outro, "cada vez mais eu que eu mesmo", o Deus pessoa, o Deus de Abraão, Isaac e Jacó, como o disse Pascal, retomando uma velha fórmula judaica. E a iconografia bizantina, embora procurando apreender pelo olhar este Outro que era apenas uma voz, não chegou a trair a sua verdadeira natureza, pois que O apresenta frente a nós, fitando-nos nos olhos. Mas Cristo, que era um homem, nascido de uma mulher e com uma história no tempo e no espaço, foi, pouco a pouco, na escultura gótica e na pintura do Quattrocento reduzido pelo olhar à condição de uma terceira pessoa, circunscrita, descrita, apresentada de perfil, objetivada, transformada em herói de narrativa. É então que a iconografia corrompe o sagrado e começa, provavelmente, a laicização da civilização moderna.

O Deus, a quem se dirige este sermão de Vieira, ainda que o pregador acentue bem seu caráter antropomórfico, é, pois, o Deus do Antigo Testamento, esse Tu vivo a quem já se tinham dirigido Moisés, Davi e Jó. Por outro lado, ao Deus de Moisés o pregador acrescenta também os traços de Cristo, filho da Virgem. No rosto inapreensível de Javé, que está na origem do Pai da

Trindade cristã, abrem-se os olhos que vêem e que choram. E para que se assemelhe ainda mais aos homens tem uma mãe carnal. Vieira relembra isso para convidá-lo a aceitar "influências humanas" ("Recebei influências humanas de quem recebestes a humanidade")[17]. Acentua-se assim a antropomorfização de Deus, muito além da apresentação que nos dá o Antigo Testamento e de uma maneira que poderia parecer sacrílega a um judeu. O que proporciona ao defensor a possibilidade de aumentar a sua pressão sobre o Juiz, por meio de argumentos de que não dispunham Davi, Moisés ou Jó.

Apesar desses traços cristãos, que se encontram no fim do sermão e forçam quase uma antropomorfização *física* de Deus, o que predomina, sem dúvida, é o Deus do Antigo Testamento. Os traços do Deus cristão completam de certa maneira os do Deus de Moisés. Antes do Dilúvio, ele sentia, mas não tendo olhos não podia chorar; agora que nasceram olhos no seu rosto, pode exprimir por lágrimas a sua dor. Os traços novos estavam implícitos nos antigos, como num retrato que o artista completa e retoca a partir de um primeiro esboço.

Há aí o curioso sentimento de uma progressão histórica de Deus, personagem única, que não coincide de maneira rigorosa com a concepção cristã do mistério da Trindade. Nesta, Deus Pai, que é o Deus de Moisés purificado, libertado da sua subjetividade humana, impessoal, invulnerável, infinitamente perfeito, aparece como uma entidade distinta do Cristo homem-deus, acessível ao sofrimento, pessoa como cada um de nós. Há aí uma oposição que a teoria trinitária procura ultrapassar. Neste sermão, porém, não sentimos esta oposição: o Deus de Moisés não se distingue do Deus filho da Virgem, sendo o primeiro tão acessível à dor, tão humano e pessoal como o segundo. Tomando a forma de Cristo, Javé completa a sua natureza; torna-se mais semelhante aos homens, mais o Outro da subjetividade humana, mais preso aos homens por laços pessoais.

* * *

Todavia "o Deus de Abraão, de Isaac e Jacó" a quem se dirige Vieira não é aquele que Pascal opunha ao Deus cartesiano, que apenas com um "peteleco" pusera em movimento a mecânica do universo. Pascal queria designar por esta expressão um relacionamento inter-subjetivo e individual com Deus. No sentido, porém, em que o entendiam os Judeus da Bíblia, o Deus

---

17. *Obras cit.*, X, pp. 78-9.

de Abraão era também o deus de sua descendência que iria multiplicar-se como as estrelas do céu, aquele que abençoaria aos que a abençoassem e maldiria aos que a maldissessem. Era o Deus da Aliança, que fizera um pacto com uma dentre as nações da terra, da qual se constituiu protetor. Era, sem dúvida, uma pessoa, mas relacionada a uma comunidade, a um corpo público constituído.

Notemos, por outro lado, que esta comunidade não era exclusivamente espiritual, diferentemente do "corpo místico de Cristo", tal como o definia São Paulo, formado, independentemente de laços carnais, só pela participação mística na substância de Deus. É uma comunidade nacional, ligada por vínculos de sangue, material e terrena tanto quanto espiritual. A pátria desta nação também não é uma pátria celeste, como para os verdadeiros cristãos místicos, mas um determinado território geográfico de que Deus os encarregou. Enquanto para Pascal (que expressa dessa maneira o sentido profundo do cristianismo) a salvação é assunto, se assim se pode dizer, de âmbito pessoal e privado, para os hebreus da Bíblia é questão nacional, pública e portanto política.

Esta é também a maneira de ver de Vieira, apenas com a diferença de que os portugueses é que desempenham o papel de povo de Deus. Entre Deus e os portugueses existe uma aliança que foi firmada na véspera da vitória de Ourique, obtida contra os mouros pelo primeiro rei de Portugal. Para a historiografia do século XVII, a data desta batalha marca a fundação do reino português, porquanto no seu termo, acreditava-se, Afonso Henriques fora proclamado rei pelas tropas. Deus aparecera ao jovem guerreiro, a cujo reino prometera dar, na sua morada, a eternidade, declarando expressamente: *Volo in te et in semine tuo imperium mihi stabilire*, quero em ti e em tua descendência estabelecer um reino para mim.

Essas palavras, atribuídas ao próprio Deus, tinham o mesmo valor sagrado que qualquer texto bíblico. Representavam tanto quanto representava, para o povo judeu, a promessa feita por Deus a Abraão e seus descendentes.

E, para que as duas situações se assemelhassem ainda mais, os portugueses, na época, eram um povo sem rei, ou melhor, submetido a um rei estrangeiro, como os judeus exilados em Babilônia, no Egito ou dispersos pelo mundo inteiro, após a destruição do Templo. Vieira, na ocasião, súdito de Filipe IV, faz discretamente alusão a isto:

> Ocorre aqui ao pensamento o que não é lícito sair à língua, e não falta quem discorra tacitamente que a causa desta diferença tão notável

foi a mudança da monarquia. Não havia de ser assim dizem, se vivera um D. Manuel, um D. João III ou a fatalidade de um D. Sebastião não sepultara com ele os reis portugueses. Mas o mesmo Profeta no mesmo salmo nos dá o desengano desta falsa imaginação: *Tu es ipse rex meus et Deus meus: qui mandas salutes Jacob*. O reino de Portugal, como o mesmo Deus nos declarou em sua fundação, é reino seu e não nosso. *Volo enim in te et in semine tuo imperium mihi stabilire;* e como Deus é o rei: *Tu es ipse rex meus et Deus meus*, e este rei é o que manda e o que governa: *qui mandas salutes Jacob*, ele que não se muda é o que causa estas diferenças, e não os reis que se mudaram[18].

O que quer dizer que o verdadeiro rei de Portugal não é Filipe IV, mas o próprio Deus. A "mudança de monarquia", eufemismo que expressa a sujeição de Portugal à coroa espanhola, nada poderia contra o fato providencial. Como para Israel, é Deus, pessoalmente, enquanto soberano do povo, que está na origem das glórias e das derrotas deste mesmo povo.

Esta idéia sugere, naturalmente, que Portugal se considera não como Estado, mas como "nação", isto é, uma personalidade étnica, definida pelos laços de sangue. Era uma concepção que a realidade cultural portuguesa justificava plenamente e que a situação dos portugueses no Brasil, na época dos Filipes, tornava ainda mais evidente. Ainda que a metrópole, por direito e por fato, estivesse submetida ao governo espanhol, o Brasil ficara uma terra exclusivamente portuguesa, onde os portugueses, tendo à frente um governador da própria nacionalidade, viviam à vontade, e representavam, talvez melhor que os da Europa, a sobrevivência de Portugal como nação. Vieira, que vivera no Brasil desde a infância, sentia isso, e ao expressar a pretensão de que acima do povo português só havia Deus, revelava um anseio, experimentado não só por ele, mas por cada um dos ouvintes.

É preciso, no entanto, notar, especialmente no trecho que acabamos de citar, o destaque dado pelo pregador à frase de Davi: *Tu es ipse rex meus et Deus meus: qui mandas salutes Jacob*. Daí a conclusão de que é Deus pessoalmente quem governa o povo por intermédio de um rei ocasional (= Jacó) a quem dá ordens. Num estudo que estamos preparando vamos mostrar que Vieira se servirá mais tarde deste texto para tentar provar que Cristo foi verdadeiramente, por direito de herança, rei temporal de Israel, o que prenuncia o reino de Cristo na terra, não somente espiritual, mas também temporal. Emprega este argumento contra a interpretação dada geralmente à palavra de Cristo: "Meu reino não é deste mundo", em que se fundamenta

---

18. *Ibid.*, p. 46.

a doutrina da separação entre o poder espiritual e o temporal. Temos aí uma das diferenças capitais entre o Deus cristão e o Deus judeu de Moisés. Enquanto o primeiro, Deus de muitos reis e de muitos estados, só tem um relacionamento mediato com os acontecimentos contraditórios, o segundo promete e dá uma terra aos hebreus; Ele a distribui entre as tribos, determina a ordem de marcha dos exércitos no deserto, indica o itinerário que leva do Egito à terra prometida, e regula até mesmo a maneira de diagnosticar a lepra. Dirige-se ao chefe do povo para ensinar-lhe a solução de negócios públicos. E esta idéia era perfeitamente coerente com a concepção de povo eleito, enquanto realidade étnica, baseada no sangue e na carne, cujo destino se realizaria na terra, não como realidade puramente espiritual na procura da felicidade imaterial de um "reino que não é deste mundo". O judaísmo bíblico não conhece o dualismo, que se tornou um dos fundamentos da doutrina da Igreja, — alma-corpo, terra-céu, poder espiritual-poder temporal.

Dando ênfase ao Deus-rei de Davi, Vieira segue o mesmo caminho que o levará, conforme veremos no trabalho prometido, à concepção do quinto império, império *terreno* de Cristo, concepção em que, com razão, os inquisidores descobrirão laivos de judaísmo. No momento ele se limita a lembrar o ato da aliança, estabelecida em Ourique, que fez dos portugueses o povo de Deus. Não se trata, para o nosso pregador, de uma versão portuguesa "gesta Dei per Francos". Os portugueses não são somente instrumentos mais ou menos voluntários da Providência divina tal como Bossuet a concebia; têm com Deus uma relação única institucional, são o seu povo, em virtude de uma aliança, cuja insígnia ostentam na própria bandeira, onde estão reproduzidas as cinco chagas de Cristo. Foi Deus quem os fez sair de Portugal, como fez sair os hebreus do Egito ou conduziu o exército de Josué além do Jordão ("depois de os filhos de Israel passarem às terras ultramarinas do Jordão como nós a estas"[19]). Isto tudo dá ao pregador o direito, assim como a Moisés ou a Josué, de interpelar a Deus para perguntar-Lhe por que conduziu seu povo a um lugar onde deveria perecer.

Se definimos a experiência mística como o sentimento direto e íntimo de um relacionamento imediato com a Divindade, ou, segundo a feliz expressão de São Tomás, como *cognitio Dei experimentalis*, que só se realiza no plano da consciência individual, ainda que possa ser ajudada por uma prática comunitária, nada difere tanto disto como a argumentação de Vieira,

---

19. *Ibid.*, p. 59.

baseada nessa espécie de ato institucional e jurídico que é o pacto da aliança. A experiência mística leva ao aniquilamento do *principium individuationis:* no fim, há unicamente Deus. Neste sermão, pelo contrário, Vieira, em nome do povo, se apresenta diante de Deus, seu rei, sem nada perder da própria autonomia, fazendo até valer o que julga serem os seus direitos. É o que dá, conforme já assinalamos, caráter dramático ao texto.

Mas também não se trata de uma *cognitio Dei intellectualis* e de uma aceitação racionalizada da idéia de Deus. O relacionamento, como vimos, é pessoal, supõe certo conhecimento, certa experiência psicológica de Deus, e até certa familiaridade com Ele. Em certo sentido, é mesmo uma *cognitio Dei experimentalis,* mas num sentido diferente daquele que se atribui geralmente a esta fórmula. Não é um conhecimento por identificação, mas por aproximação, por coabitação e familiaridade, se assim se pode dizer. O pregador e seus ouvintes conhecem bastante a Deus pessoalmente para saber como se dirigir a Ele e esperam convencê-lo numa questão que interessa a todo o povo e, segundo eles, também ao próprio Deus. Entre a *cognitio Dei experimentalis* e a *cognitio Dei intellectualis* seria preciso encontrar uma palavra para expressar esse terceiro gênero de relações que se estabelecem entre uma comunidade étnica e seu Deus-rei.

* * *

Vieira começa o sermão lendo e traduzindo livremente, versículo por versículo, o Salmo 43. Fá-lo com tal arte que não deixa uma dúvida sequer no espírito dos ouvintes: Davi descreve aí, com precisão e minúcias, a sorte passada e presente dos portugueses, suas grandezas e desventuras, e particularmente a situação atual do Brasil.

São Jerônimo, seguido por outros comentadores, informa Vieira, ensinou que este texto se refere a qualquer reino ou província cristã destruída ou saqueada por inimigos da Fé. Temos aí um exemplo significativo da polivalência ou plurissignificação do texto bíblico. Desde São Paulo, o Antigo Testamento tinha para a Igreja um valor "alegórico", e o seu texto, uma significação universal e intemporal que ultrapassa a história e a geografia do povo hebreu[20]. Esta leitura não destrói o sentido histórico: aconteci-

---

20. Na realidade a exegese alegórica não foi inventada por São Paulo. Já era praticada na mesma época de Jesus por Filão de Alexandria, um judeu helenístico que, nesse campo, tornou-se o principal mestre tanto de judeus como de cristãos.

mentos, lugares, personagens tiveram existência real, mas são ao mesmo tempo signos do discurso divino. As coisas e fatos são as palavras de Deus, pertencem a uma cadeia falada que se desenvolve fora da história e da natureza. Por outro lado, as próprias palavras, no sentido estritamente gramatical, têm também uma significação independente do contexto histórico: foram pronunciadas pelo próprio Deus e contêm, portanto, um ensinamento que tem valor para qualquer época e lugar. Por meio desta dupla leitura, a dos fatos e a das palavras, Israel, o povo eleito, torna-se figura ou a imagem da Igreja, que o substitui neste papel providencial; por outro lado, as declarações de Javé e dos profetas podem ser tomadas como anúncios da verdade cristã, e somente inteligíveis à luz dessa verdade. *Quod Moisem velat Christus revelat.* Assim pode-se considerar o Antigo Testamento como um livro sagrado, esquecendo que neste livro se evidencia o papel histórico e providencial do povo judeu, do seu relacionamento único com Deus.

À primeira vista, Vieira parece apenas seguir a regra que ele mesmo evoca, referindo-se a São Jerônimo. A transposição do texto do Salmo 43 para a situação dos portugueses da Bahia seria uma aplicação do método alegórico. Mas, observando-se melhor, verifica-se que o pregador toma o texto apenas no sentido histórico, isto é, enquanto história do relacionamento do povo de Israel com Deus. Portanto, quando no deserto de Sinai Moisés consegue suster a cólera divina contra os judeus idólatras, para Vieira, isso é apenas um fato histórico, pois compara, em seguida, os pecados de Israel com os de Portugal e pede ao mesmo Deus a aplicação da mesma regra. Também os portugueses pecaram, mas não chegaram, como os judeus, até a apostasia: logo, se Deus é o mesmo, não poderá fazer menos: perdoar hoje a uns como outrora perdoou a outros.

> Muita razão tenho eu logo, Deus meu, de esperar que haveis de sair deste sermão arrependido, pois sois o mesmo que éreis, e não menos amigo agora que nos tempos passados de vosso nome[21].

Atenção para "sois o mesmo que éreis". Relembrando o comportamento de Deus numa situação histórica, Vieira salienta um traço do caráter divino, define-o psicologicamente como pessoa. Não tira do acontecimento evocado um princípio universal acima dos fatos, não faz da história uma alegoria. A história lhe mostra como Deus é, de que modo costuma agir em relação ao seu povo. O texto, portanto, se refere tanto à história de Deus como à do seu povo, aliás, indissociáveis no Pentateuco.

---

21. *Obras cit.*, X, p. 53.

E se Vieira extrai de um fato antigo uma conclusão valiosa para o presente, é porque Deus, por definição, é o mesmo. A história nos permite conhecer-lhe o caráter, assim como uma biografia possibilita o conhecimento do caráter de uma personagem, e, considerando que este caráter seja permanente, tem-se o direito de esperar que Ele procederá hoje como procedeu outrora. Aliás, para os homens do século XVII, a história não era, como para nós, uma "evolução", mas uma variação na permanência: o Homem e os homens eram uma constante, ainda que oscilante e diversa. Também Deus, como o demonstra a história, tem como traço permanente de caráter um humor variável. E o pregador baseia-se nesta realidade de certo modo empírica.

Assinalemos, por outro lado, que a esta história de Deus no seu relacionamento com o povo acrescenta-se uma outra, de certa maneira particular a Deus, uma progressão histórica, de que já falamos, pela qual o Deus de Moisés se tornou o filho da Virgem. É um tema que mereceria um estudo especial, mas que foge ao nosso objetivo. Basta-nos salientar que esta outra história também não decorre do método alegórico; pelo contrário, supõe uma leitura histórica do texto da Escritura.

É evidente que, nesta leitura, Israel não é a figura alegórica da Igreja. Não há uma relação entre "figura" e "realidade" ou entre significante e significado. Neste sermão, a conexão se estabelece entre duas situações históricas e dois povos determinados, Israel e Portugal, e não se pode dizer que um seja "a imagem" do outro, pois ambos se encontram no mesmo plano histórico, no fluxo do tempo. E além do mais, considerando que a palavra de Deus tem valor profético, o salmo comentado descreve profeticamente a situação dos portugueses:

... em todas as cláusulas dele veremos retratadas as da nossa fortuna; o que fomos e o que somos.

Com tanta propriedade como isto descreve David neste salmo as nossas desgraças...[22].

Esta situação em que se encontram os portugueses é *também* a do reino de Davi, assim como o relacionamento privilegiado entre Deus e Israel, estabelecido pela Aliança, é *também* o relacionamento existente entre Deus e Portugal. Deparamo-nos então com uma das surpresas deste sermão desconcertante: a palavra de Deus se aplica tão bem aos Portugueses como aos Hebreus.

Citamos um trecho do sermão em que o versículo do

---

22. *Ibid.*, pp. 43 e 46.

salmo se entremeia com uma das proposições da declaração de Cristo a Afonso Henriques, de tal maneira que os dois fios parecem constituir um mesmo tecido. O texto: *Tu es ipse rex meus et Deus meus qui mandas salutes Jacob*, que expressa o vínculo especial entre Deus e Israel combina com as palavras de Cristo em Ourique: *Volo in te et in semine tuo imperium mihi stabilire,* expressão também do mesmo vínculo entre Deus e Portugal, e justifica a conclusão de que a causa da sorte variável dos portugueses é o próprio Deus, e não a mudança de dinastia. Temos a ilusão de que não são dois povos, mas um só, não são duas alianças, mas uma única. E achamos muito natural que o pregador retome, entre Deus e seu povo, a posição, não alegórica, mas histórica, assumida outrora por Moisés e Davi.

Sem dúvida, é preciso não esquecer o aspecto artístico do resultado assim conseguido e lembrar que Vieira é um mestre da expressão equívoca. Poucos escritores foram, ao mesmo tempo, tão límpidos e tão ilusórios. Usando os versículos do salmo, dá uma dimensão bíblica a uma atualidade infeliz e mesquinha. Os infelizes portugueses da Bahia, ameaçados de perder as próprias casas, sentiam-se promovidos à posição super-humana de Israel, assumindo o próprio pregador a dignidade santa de Moisés. Os desgraçados não se defrontavam mais com os exércitos de Lichthardt, mas com Deus. A comédia se representava entre o céu e a terra. Era uma "simulação", como vimos, mas uma "simulação do que se sentia realmente", ou pelo menos daquilo que o próprio pregador experimentava e procurava transmitir ao público.

Eis por que esta assimilação entre Portugal e Israel por um processo oratório não parece desprovida de sentido, embora isso nunca seja dito no texto; tanto mais que muitos portugueses, e particularmente os inquisidores, acreditavam então que o papel providencial desempenhado outrora por Israel, que se tornara depois o povo "deicida", fora transferido para Portugal, a nação que mais contribuíra para divulgar o Cristianismo fora da Europa. Pelo contrário, não se encontra no texto nenhuma passagem, nenhuma palavra de que pudessem se valer os Inquisidores e seus sequazes, preocupados em não perder sequer uma ocasião de atribuir as desgraças públicas à persistência do judaísmo. Todavia, num comentário do texto bíblico em que se despreza o método alegórico em proveito do método literal e histórico, parece impor-se a lembrança da substituição de Israel por Portugal no papel de povo de Deus. Tocamos assim num assunto para o qual talvez encontremos resposta em outros textos de Vieira.

* * *

Todas as partes que, na análise precedente, tentamos isolar, encaixam-se muito bem. O Deus-pessoa, acessível às "influências humanas", está de acordo com a imagem de Deus protetor e rei de um povo, ligado a ele por um pacto de tipo patriarcal e pessoal. Este pacto supõe o papel privilegiado e providencial do povo da aliança, que, neste esquema, só pode ser entendido como uma comunidade étnica, com realidade carnal, independentemente da noção jurídica de Estado. Por outro lado, a exegese histórica, aplicada por Vieira ao texto da Escritura, leva-o a apreender o caráter de Deus enquanto pessoa, tal como se manifestou no tempo, empiricamente, um resultado contrário ao que se obteria pela interpretação alegórica, cujo objetivo, justamente, é ultrapassar ou transformar o que, na narrativa bíblica, se choca com uma concepção racionalizada da divindade. O realce dado ao Antigo Testamento em detrimento dos Evangelhos (evocados rapidamente e como remate no fim do sermão) segue este plano, pois é na primeira e não na segunda parte da Bíblia cristã que se pode basear a imagem de um Deus étnico; a Igreja, fundada por Jesus, é de fato universal e está acima das nações. É também no Antigo Testamento que o pregador procura inspiração para o papel que assume, de intérprete e defensor do povo, a exemplo de Moisés ou de Davi. Por fim, a forma dramática do texto é, por natureza, a que convém ao diálogo entre o Deus-rei e seu povo, duas pessoas que se defrontam cada uma com uma subjetividade irredutível desde o primeiro capítulo do Gênese. Esta forma dramática é o oposto da expressão lírica que corresponde à experiência mística.

É, pois, o Deus do Pentateuco que ressurge com um vigor empolgante na palavra do pregador católico e jesuíta e no coração dos portugueses que o escutam. As mesmas fórmulas podem corresponder a conteúdos completamente diferentes. Vieira e Bossuet pertenceram à mesma religião, mas não é certo que tenham o mesmo Deus.

Podem-se propor várias hipóteses para explicar esta reaparição na Bahia em 1640 do Deus de Moisés. Indicaremos duas que, aliás, se podem combinar.

A primeira é a própria estrutura da comunidade portuguesa, posta à prova nessa época por um perigo mortal que o obrigava a ir buscar a sua força ao que ela própria tinha de mais íntimo e consubstancial. Era um povo disperso no mundo, órfão do seu pai, tendo como principal laço comunitário o sentimento de pertencer à mesma etnia. Não é já um Estado, e é mais ou é menos que uma civilização. É no sentido mais forte (no sentido, por exemplo, em que essa palavra era aplicada aos judeus) uma "nação". O sentimento da estrutura "nacional" era provavelmente mais forte no Brasil do que em qualquer outro território português da época. Neste imenso espaço, ao abrigo do Estado espanhol, o sentimento de comunidade étnica era o único laço entre os aventureiros portugueses dispersos do Atlântico aos Andes e da Floresta Amazônica ao Rio da Prata, contando só com os próprios meios, pois mal podiam apoiar-se numa autoridade jurídica demasiado longínqua. Era a terra do salve-se quem puder. Mesmo depois da restauração da coroa portuguesa, espontaneamente e pelas suas próprias forças, continuaram a guerra contra os holandeses, quando o rei de Portugal se preparava para fazer a paz. Esse sentimento está sem dúvida nas origens da unidade política e na extraordinária homogeneidade cultural do maior território do mundo depois da China.

A segunda hipótese é a de uma penetração profunda e inconsciente do judaísmo na população. Não de um judaísmo culto, de uma doutrina teológica elaborada, mas, se assim se pode dizer, de um judaísmo regressivo, que esqueceu o Talmud e se agarra ao que tem de mais enraizado: o laço particular do Povo com o seu Deus, tal como se mostra no Pentateuco, e a crença num destino messiânico. Crença tanto mais profunda quanto mais inconsciente e que, por conseqüência, podia perfeitamente ser assimilada por pessoas que se consideravam perfeitamente católicas. Teríamos aí um efeito da assimilação mais ou menos sincera de grande parte da antiga comunidade judaica à comunidade cristã portuguesa, que originou essa mestiçagem cultural que é a entidade "cristã-nova". Temos, aliás, outros exemplos da fecundidade desta mestiçagem, nomeadamente o messianismo bandarrista que — justamente no Brasil — persistiu em profundas camadas populares, chegando a inspirar os mitos ligados ao movimento de Antônio Conselheiro.

Estas duas hipóteses não se excluem. O judaísmo inconsciente de que porventura participavam Vieira e seus ouvintes da Igreja de Nossa Senhora da Ajuda bem pode ter funcionado como um revelador da crença religiosa em que os portugueses comungavam confusamente, por força dos laços que os uniam nesse momento difícil da sua existência.

Foi, provavelmente, o que aconteceu.

3. O DISCURSO ENGENHOSO NO SERMÃO DA SEXAGÉSIMA

O interesse de Vieira como escritor decorre do fato de ter praticado com virtuosidade incomparável a arte da palavra no estilo "conceptista" — como o denominam os manuais de literatura — e de o ter feito com objetivos práticos, porque para ele a palavra era instrumento de ação. Embora os historiadores de literatura portuguesa e brasileira o considerem exemplo típico de "barroco", Vieira conseguiu ser claro e convincente. Por meio das mesmas palavras e do mesmo tipo de construção, fazia-se entender tanto por homens da corte como por colonos analfabetos das aldeias brasileiras. Apesar de "barroco", nada lhe era mais estranho do que o conceito da "arte pela arte".

É o seguinte o problema que a nós se apresenta: como e por que um estilo literário, tido pela opinião geral como puramente artístico, só acessível aos iniciados e adequado ao gosto de cortes requintadas e de academias literárias, pode ser usado na prática cotidiana? Como e por que pode ser funcional?

Para nós, ocidentais do século XX, um discurso só é funcional se corresponde às coisas e leis do que chamamos realidade objetiva. O que significa que as palavras devem representar de maneira precisa objetos reais e para o seu emprego as regras devem corresponder a *processus* que existam objetivamente.

É nesta idéia que se baseia a nossa concepção de linguagem. Supomos que cada palavra é como um símbolo, correspondente a um conceito, que por sua vez representa uma "coisa". Por outro lado, considera-se que as operações lingüísticas são, em si, apenas traduções gramaticais das operações lógicas.

A ciência lingüística confirma esta crença generalizada. Sua idéia fundamental é o "signo lingüístico" constituído por dois elementos indissociáveis: o "significado", o conceito, e o "significante", seu símbolo sensível. Um não existe sem o outro. O corpo de uma palavra, por exemplo, sua matéria visível ou audível, não existe lingüisticamente desligado do conceito que representa por si só, não tem lugar na cadeia falada. Mas, por outro lado, a relação entre significante e significado é puramente convencional (Saussure disse: "arbitrária"), o que quer dizer que os símbolos materiais não têm identidade de natureza com os conceitos representados. São inseparáveis, mas nunca se encontram. Fora da corrente falada, que é a dos signos, há, paralelamente, a corrente dos "referentes"[1], que são as próprias causas representadas por signos.

No fundo, é uma forma elaborada de teoria da representação, que admite implicitamente o postulado da correspondência entre pensamento e mundo, e domina a mentalidade ocidental desde a criação da ciência moderna no século XVII.

Vieira expôs suas idéias sobre a arte da pregação no *Sermão da Sexagésima*, pronunciado em 1653. É um dos mais célebres, escolhido pelo próprio autor para abrir a edição dos seus sermões. Vamos procurar acompanhar os processos por ele utilizados na crítica aos pregadores do seu tempo e na apologia das suas próprias concepções.

Comenta a parábola do Semeador, tirada do Evangelho de São Lucas. Conforme a própria narrativa de Jesus, o Semeador deixou cair uma parte dos grãos no caminho, outra nos espinhos, uma terceira nas pedras. Só a quarta parte caiu em terra boa e pôde frutificar. Jesus explica também o sentido desta narrativa: o grão é a palavra de Deus – *Semen est Verbum Dei;* as diferentes terras são as diferentes espécies de ouvintes. Vieira toma como

---

1. Noutro estudo (*Message et Littérature*, in *Poétique*, nº 17, 1974), propusemos a substituição deste termo – *Referente* – por um outro – *Referido*. O esquema de signo seria então o seguinte: [Referido] → Significado → Significante. Na realidade o significado (ou idéia) refere, ou traduz intelectualmente o Referido (a "coisa" a que se refere o signo), como o significante exprime sensorialmente o significado.

tema a frase *Semen est Verbum Dei* e faz a seguinte pergunta: por que os pregadores do nosso tempo, que aparentemente ensinam a palavra de Deus, são totalmente estéreis e não conseguem resultado algum dos ouvintes?

Para responder a ela, Vieira, de início, estabelece que três fatores ou princípios são indispensáveis para a conversão de uma alma: o pregador, o ouvinte e a graça de Deus. Exemplifica este sistema com uma comparação: para que o homem possa ver-se é preciso reunir três coisas: olhos, espelho e luz. Se falta uma delas, não há imagem. A luz é a graça de Deus, que não pode faltar, conforme o ensina a Igreja Católica. A prova, aliás, está na própria parábola: Cristo não mencionou a falta de chuva ou de sol como causa da perda da semeadura. Pelo contrário, em outro trecho da Bíblia, diz que o sol tanto ilumina os maus como os bons. O sol e a chuva são as influências "da parte do Céu", o que significa "a graça de Deus". Quanto aos olhos, os próprios ouvintes é que devem se mirar no espelho para poder conhecer os pecados. Na parábola do Semeador estes ouvintes são os diferentes terrenos em que caiu o grão. Na terra coberta de espinhos o grão brotou, mas foi abafado; na pedra, também brotou, mas ficou ressecado por falta de umidade. Isto significa que, sejam quais forem os ouvintes, da palavra de Deus nasce sempre alguma coisa. Mas verificamos que os sermões de hoje nada fazem brotar, são totalmente estéreis. Os sermões em que os pecadores devem examinar os pecados são representados pelo espelho. Se a luz não pode faltar, se os olhos também não, deduz-se forçosamente que é o espelho que falta, isto é, o ensinamento dos pregadores.

Chegamos então à segunda parte da resposta, a que se refere a própria pregação. Vieira, para tentar encontrar as causas do fracasso dos pregadores, enumera as "circunstâncias" ou condições supostamente necessárias para qualquer pregação. São elas: a pessoa do pregador, o estilo, a matéria do sermão, a ciência do pregador e sua voz. Ora, estas cinco circunstâncias estão no primeiro versículo da narrativa: *Exiit qui seminat seminare semen suum*. Numa parte do sermão a que não nos referimos, ele explicou o sentido da primeira palavra, *exiit*, mas em outro contexto. Vai agora estudar as quatro palavras seguintes.

Consideremos primeiro a pessoa do pregador. No texto é representada pela expressão *qui seminat*. Observemos, diz Vieira, que Cristo não empregou um nome para designar o *Semeador*, mas uma expressão verbal "aquele que semeia". Por quê? Porque o que importa não são nomes ou títulos, mas ações e obras. "Governador", por exemplo, não é a mesma coisa que "aquele que governa". Antigamente, os pregadores ensinavam pelo exemplo, hoje ensinam só por palavras. Têm *nome*, mas não *ação*, de pregador. Consideramos que também o semeador semeia com as mãos; e mãos quer dizer ação. Há duas maneiras de pregar: com a boca, por meio de palavras; com a mão, por meio de ações. A primeira atinge apenas o vento, só a segunda toca os corações. Pois as ações vêem-se e as palavras ouvem-se, e o que entra pelos olhos nos impressiona e nos obriga de modo muito mais eficaz que o que entra pelos ouvidos.

Passemos ao estilo do pregador. No texto é designado pela palavra *seminare*. A arte de semear é muito simples e natural: basta deixar cair os grãos. É um processo da natureza que se opõe às regras, compassos e medidas das diferentes artes. Este movimento de queda é três vezes evocado no texto latino pela repetição da palavra *cecidit*, caiu. E, justamente, existem na língua portuguesa três derivados de *cadere*, cada um designando uma maneira de cair. *Queda* refere-se, diz Vieira, a "coisas": é preciso que no sermão elas caiam no momento e no lugar convenientes; *cadência*, à harmonia das palavras, que não devem entrar em choque; *caso* (no sentido do latim *casus*) à disposição e ao arranjo das matérias, e é preciso que não seja violento e artificial. Vemos justamente o oposto nos pregadores considerados "cultos". "Já que falo dos estilos modernos, acrescenta Vieira, quero basear-me no estilo do mais antigo pregador que já houve no mundo. E quem foi ele? O Céu". De fato, Davi diz em um dos salmos: *Coeli enarrant gloriam Dei*. Os Céus contam ou pregam a glória de Deus. As palavras são as estrelas; os sermões, a ordem, a harmonia e o movimento delas. É uma ordem natural, como a das semeaduras, pois o céu está "semeado" de estrelas como a terra "semeada" de grãos. Justamente o contrário da ordem seguida pelos pregadores, que constroem os sermões fazendo jogos de palavras, como num jogo de xadrez.

Vem, em seguida, a circunstância da Matéria que, conforme Vieira, está indicada na parábola pela palavra *semen*. Cristo empregou-a no singular, e não no plural, o que quer dizer que o sermão deve ter uma única matéria. Vieira critica então veementemente os pregadores que multiplicam os assuntos e em especial o método de pregação que denominavam "apostilar o Evangelho". Segundo a sua convicção o sermão é como uma árvore cujas raízes seriam os textos da Escritura; o tronco, a matéria única; os galhos, as diferentes divisões e as flores, as palavras.

Em quarto lugar, temos de considerar a ciência ou conhecimento do pregador. Alguns, incapazes de uma composição própria, diziam do púlpito sermões de outros, decorados. Vieira com a palavra *suum* atacava e condenava este costume muito generalizado na época. O pregador deve ensinar o que ele mesmo sabe e não a sabedoria de outro amontoada na sua memória, pois o que por ela é transmitido não atinge as almas.

Falta a Voz. Esta "circunstância" não está indicada no versículo que Vieira acaba de acompanhar palavra por palavra. Mas no fim da parábola o Evangelista diz que Cristo *haec dicens clamabat,* gritava dizendo estas coisas. Às vezes, o pregador deve gritar, pois infelizmente as pessoas são mais sensíveis aos gritos que à razão. No entanto, observa Vieira, a voz de Moisés era suave como o orvalho que cai. Na realidade, nem sempre os gritos são eficazes. O que entra mansamente pelo ouvido penetra mais na alma do que aquilo que fere duramente os tímpanos.

Passamos em revista as cinco circunstâncias da pregação. A análise de cada uma começa por uma interrogação e acaba por uma negação, pois existem exemplos e textos que contradizem, em cada um dos pontos, as opiniões pessoais de Vieira. No fim desta análise, ele conclui que a ausência de qualidades consideradas indispensáveis para uma boa pregação não explica o fracasso dos pregadores, pois Moisés tinha voz fraca, Salomão multiplicava e diversificava os assuntos, Balaão era um pecador e seu burro não tinha sabedoria. Qual será, pois, a causa verdadeira da esterilidade da palavra de Deus, na época? Chegamos à terceira parte do sermão e à conclusão da resposta.

Cristo disse explicando a parábola: *semen est verbum Dei.* O grão é a palavra de Deus. Ora as palavras dos pregadores não são Palavras de Deus. Sem dúvida, servem-se eles das palavras da Escritura, mas também o diabo invocou a Escritura para tentar a Cristo no deserto. Para que as palavras da Escritura sejam a palavra de Deus é preciso compreendê-las e explicá-las, segundo o sentido que o próprio Deus lhes deu. Os pregadores procuram explicações fantasistas para surpreender o público e se fazerem admirar pelos espíritos *agudos*. Tomam as palavras da Escritura "pelo que soam e não pelo que significam" e com elas estruturam conceitos, que transformam os sermões em comédias mundanas.

Pode-se objetar que é isto que os ouvintes apreciam. Vieira volta ao texto da parábola quando ela se refere ao grão pisado pelos que passam e assegura que o que precisa ser ensinado é justamente a doutrina desprezada e calcada pelos homens. A pregação que produz frutos não é a que deleita os ouvintes, mas a que os faz sofrer. E o pregador termina o sermão com uma anedota. Dois pregadores disputavam os favores do público; perguntaram então a um grande professor de universidade a opinião que fazia de cada um e ele respondeu: "Quando ouço um, fico muito contente com o pregador, quando ouço outro, fico descontente comigo mesmo". "Semeadores do Evangelho, exclama

Vieira, eis aqui o que devemos pretender nos nossos sermões: não que lhes pareçam bem os nossos conceitos, mas que lhes pareçam mal todos os seus pecados."

Depois da análise que acabei de fazer, vê-se que, para Vieira, os maus pregadores são sobretudo os que se preocupam mais com o sucesso literário e mundano do que com a conversão das almas. É um sermão contra os literatos para quem o texto sagrado era apenas uma loja onde encontravam palavras e histórias por meio das quais construíam essas fórmulas surpreendentes e inesperadas que o castelhano denominava *Conceptos*, o português *Conceitos*, o italiano *Concetti*.

Na idéia de Vieira, o *Sermão da Sexagésima* era, sem dúvida, não só uma exposição doutrinária, como também um exemplo de boa pregação. Trata-se, de fato, de uma peça notável pela bela simplicidade, pela elegância austera e funcional que contrasta com a multiplicação de imagens sensuais e brilhantes, mas puramente ornamentais, características de numerosos sermões portugueses e espanhóis de mesma época. Justifica-se plenamente a admiração que o *Sermão da Sexagésima* suscitou entre os adversários da arte barroca, tais como o Padre Isla.

No entanto, o que nos interessa é a maneira como Vieira desenvolve o discurso. Primeiro, temos a impressão de que o seu processo de demonstração se prende à análise gramatical e semântica das palavras do texto da Vulgata. Segue a própria ordem em que as palavras estão colocadas e as explica para determinar-lhes o sentido, servindo-se de métodos etimológicos, morfológicos, sintáticos, analógicos, etc. Assim, a pessoa do pregador é definida pela expressão *qui seminat* que não é um nome mas uma frase verbal, o que significa que nem sempre o título corresponde à função. No que se refere à matéria, prende-se ao fato da palavra *semen* estar no singular, o que exclui a pluralidade dos assuntos, etc.

O processo empregado por Vieira é herança dos pregadores da Idade Média e tinha um nome técnico: *claves*. Encontram-se, no texto escolhido para o sermão, as *claves* ou palavras-chave, cuja análise permitia compreender o sentido, tirar ensinamentos e estabelecer ligações entre diferentes passagens da Escritura.

À primeira vista, dir-se-ia que o pregador procura determinar o sentido a partir da forma, o significado a partir do significante. Na realidade, o processo é outro, como vamos ver.

A análise de uma palavra, enquanto signo lingüístico, compreende, ao mesmo tempo, a análise da forma ou matéria, isto é, do seu aspecto significante, e de seu conceito, aspecto significado. Vieira no seu discurso ora usa um, ora outro. Por exemplo: a palavra *seminare* contém o conceito de cair, pois o Semeador deixou cair em terra o grão. Cair em latim é *cadere*, e sob o ponto de vista etimológico há três palavras em português — *queda, cadência* e *caso* — que, através da metáfora, adquiriram um sentido que não se encontra na palavra *cadere*, sinônimo de cair.

É, pois, pela análise do significado ou conceito que Vieira passa de *seminare* a *cadere;* e pela do significante que passa de *cadere* a derivados portugueses, que contribuem com novos conceitos para o discurso.

É também através do significante que o nosso pregador evoca o gesto do Semeador, no céu estrelado: o céu, de fato, está "semeado" de estrelas.

Analisando, portanto, a forma da palavra, independentemente do conceito, Vieira chega a novos conceitos; como também, analisando o conceito da palavra independentemente da forma, chega a novas formas. Exemplo do primeiro caso: de *cadere*, passa ao conceito de cadência rítmica. Exemplo do segundo: do conceito de *seminare* passa a *cadere*. Vai de uma palavra a outra, ora por meio do significado, ora por meio do significante.

Isso não é admissível no nosso conceito de utilização da linguagem: não admitimos a confusão entre a ordem dos significantes e a dos significados, nem a possibilidade de separar o significante do significado. Ora, Vieira justamente quebra a unidade do signo lingüístico e põe no mesmo plano os dois pedaços desmembrados.

Os signos para ele não são o que esta palavra significa na lingüística atual. São antes manifestações visíveis de verdades escondidas, e não há uma medida comum entre as palavras da Bíblia e a Palavra de Deus, cujo segredo deve ser arrancado à matéria onde se esconde. Para isso, cumpre observar atentamente as palavras como coisas, quebrá-las se necessário, como se quebra a pedra para encontrar o filão de ouro. No fundo, não existe uma diferença qualitativa entre as palavras e, por exemplo, as estrelas; umas e outras são, igualmente, signos e nos dois casos não há relação entre estas manifestações visíveis e a realidade que testemunham, que, por definição, é infinita. O céu como as palavras testemunham a presença de Deus, mas não a abrangem.

As considerações de Vieira sobre o céu estrelado merecem ainda outra observação. O Céu a que se refere não é somente o céu físico, que os nossos olhos podem observar, ou por assim dizer, o referente da palavra "céu" no código lingüístico. É antes um céu enunciado no texto, um céu tornado palavra, um céu, se assim se pode dizer, "falado". O próprio céu existente no texto torna-se em si mesmo um texto: contém um preceito relativo à arte da pregação, é um modelo para os pregadores. O céu "falado" é também "falante". Vieira não distingue entre o céu físico, que os nossos olhos contemplam e o céu que o pensamento conhece através da palavra. Este é mais um exemplo da confusão e equivalência entre significado e significante. Mas é também o exemplo de uma atitude de espírito que consiste em olhar toda a realidade como Palavra ou como Texto, do qual se podem extrair palavras. Nas estrelas Vieira encontra, além do que já salientamos, duas outras expressões: são "altas" e "claras". Decorre daí que os pregadores devem procurar a "altura" e a "clareza" de estilo.

Há ainda no sermão um outro aspecto a considerar: Vieira censura nos pregadores um gênero de sermão que chama "estilo em xadrez". Descreve-o neste curioso trecho:

> Não fez Deus o céu em xadrez de estrelas, como os pregadores fazem o sermão em xadrez de palavras. Se de uma parte há de estar branco, de outra há de estar noite; de uma parte dizem luz, da outra hão de dizer sombra; se de uma parte dizem "desceu" de outra hão de dizer "subiu". Basta que não havemos de ver num sermão duas palavras em paz? Todas hão de estar sempre em fronteira com o seu contrário?

Ora, neste trecho polêmico, Vieira descreve, sem se dar conta, o seu próprio estilo. O *Sermão da Sexagésima* está quase inteiramente construído de acordo com as leis da repetição, da simetria e da oposição. Vimos que os pares antônimos tais como *boca* e *mão*, *ver* e *ouvir*, *cair* e *subir*, *arte* e *natureza*, *semear* e *ladrilhar*, *soar* e *significar*, *contente* e *descontente*, etc., encontram-se repetidamente. As frases são construídas de modo a pôr em evidência os dois membros destes pares, colocando-os, às vezes, até mesmo em oposição simétrica. Têm, não raro, forma de um díptico em que uma das faces reproduz inversamente a outra. Por exemplo: "Jonas durante 40 dias pregou um só assunto, e nós queremos pregar quarenta assuntos em uma hora".

Este gênero de construção é muito usual na Península Ibérica no século XVII e foi abundantemente descrita por Baltasar Gracián sob o nome "proporción". São pequenos ou grandes conjuntos organizados de maneira a destacar por analogia ou oposição a correspondência entre dois termos que poderiam ser denominados *extremos*.

É evidente que a maneira como se usa a palavra facilita a invenção de "proporções" como vimos no *Sermão da Sexagésima*. Se o significante é separado do significado, multiplicam-se as palavras à disposição do escritor e, se os pedaços desmembrados se encaixam numa mesma cadeia falada, podem-se estabelecer relações inconcebíveis num discurso comum; acrescentemos que esta multiplicação de palavras disponíveis é ainda elevada a um grau mais alto pela interpretação alegórica da Escritura, conforme os métodos da exegese tradicional, que permite atribuir quatro sentidos a cada texto.

"El arte de ingenio" na teoria de Gracián reduz-se provavelmente a duas operações principais: de um lado, descobrir palavras escondidas em outras palavras, em outras narrativas e mesmo na natureza; de outro, escolher neste cabedal lexicológico os *extremos*, isto é, os pares de palavras que constituem oposições ou analogias. Nas duas principais línguas da Península Ibérica, a sutileza de espírito capaz de discernir *extremos* nas palavras e nas situações reais denominava-se *agudeza*. E neste sentido agudeza (considerada não já como atributo, mas como produto do espírito) era sinônimo de "concepto". Em italiano usava-se indiferentemente, no plural, *accutezze* ou *concetti*. Na gíria dos literatos ibéricos do século XVII havia ainda uma expressão curiosa para significar o trabalho daquele que construía conceitos: a palavra castelhana e portuguesa *levantar*.

Aliás é muito difícil traduzir este vocabulário para o francês, porque está preso a um gênero normal da poesia e da prosa ibérica, mas pouco usual na França. Certamente encontra-se também na literatura francesa "a agudeza", mas é apenas um enfeite, um ornato; enquanto nas literaturas ibéricas o "concepto" constituía a própria alma do discurso, em todas as espécies de trabalho. O escritor organiza o conjunto do seu discurso de acordo com um sistema de oposições e analogias e dispõe as frases como uma sucessão de pequenos sistemas do mesmo gênero, digamos assim como cristais, cada um constituindo um todo com uma lei estética de estrutura própria.

Para apreender melhor as duas diferentes espécies de discurso, denominemos a um "discurso clássico", a outro "discurso engenhoso". A palavra "engenhoso" foi empregada na França, no século XVII, pelo Padre Bouhours como tradução do castelhano *ingenioso*, num trabalho em que ele, aliás, ataca veementemente Baltasar Gracián e outros escritores "engenhosos". Esta tradução, porém, corresponde exatamente ao sentido da palavra espanhola, que é um adjetivo derivado do substantivo, *ingenio*. Gracián contrapõe esta palavra a *Juicio*. O discurso clássico, o de Descartes ou o de Bossuet, é resultado de um julgamento. As palavras são os signos lingüísticos no sentido que lhe damos atualmente, e supõe-se que se justaponham no discurso segundo a ordem do raciocínio. Não têm autonomia porque são apenas representantes. No discurso engenhoso, ao contrário, as palavras não são representantes, mas seres autônomos que como matéria podem ser recortados para formar outros e têm em si relações que lembram muito mais os elementos da composição musical ou geométrica que os do "bom senso" cartesiano.

É inútil dizer que nada se pode demonstrar no campo científico ou mesmo racional através do encadeamento do discurso engenhoso. É evidente também que só o discurso engenhoso, na medida em que quebra as palavras e seu encadeamento habitual, possibilita a expressão de crenças, sonhos, intuições que se situam fora da razão.

Por outro lado, se o discurso engenhoso não pretende convencer pelo raciocínio, é o único capaz de despertar a imaginação e condicionar o espírito pelos métodos da surpresa e dos vínculos intangíveis e incontroláveis, verdadeiros ou falsos, que as palavras estabelecem entre conceitos diferentes. Daí ser o discurso engenhoso o da publicidade comercial ou política. Basta olhar cartazes ou ouvir *slogans* para descobrir proporções de analogia ou de oposição, baseadas na confusão entre sentido e forma das palavras. Sob este ponto de vista, é um discurso extremamente eficaz.

Por que então o Padre Vieira ataca os confrades que elaboravam conceitos e usavam esta espécie de alquimia verbal de que os seus próprios discursos são exemplo marcante?

Basta ler o estudo de Gracián, que Vieira provavelmente não conhecia, para compreender o sentido do *Sermão da Sexagésima*. Os dois jesuítas contemporâneos tinham a mesma idéia da linguagem e, especialmente, da palavra. Para Gracián, no entanto, a procura das significações ocultas devia ter como objetivo o Belo, independentemente do Verdadeiro. Neste sentido é que faz distinção entre *el Ingenio* que almeja o Belo e *el Juicio* que procura o Verdadeiro. A descoberta das significações ocultas tinha, portanto, para ele apenas um interesse estético. Apesar das inúmeras citações dos Padres da Igreja e de outros escritores piedosos, *Agudeza y Arte de Ingenio* é um trabalho totalmente profano, de tal maneira que numa mesma frase põe em plano igual — o plano estético — Santo Ambrósio, Santo Agostinho, Marcial e Horácio. Para Vieira, pelo contrário, a alquimia verbal e a construção de conceitos eram meios para persuadir o ouvinte de uma verdade ou para constrangê-lo a uma ação.

Os processos do discurso engenhoso ibérico têm raízes remotas no comentário bíblico, como na época de Jesus já o faziam os judeus e cristãos. Um dos principais mestres da exegese cristã foi o judeu-helenizado Filão de Alexandria, citado muitas vezes por Vieira a propósito de pesquisas sobre o sentido oculto das palavras. Para os exegetas e pregadores da Idade Média, a palavra de Deus era a palavra absoluta, em cujo seio tinham nascido a natureza e a razão. Os vocábulos de Deus têm realidade positiva, indiscutível, anterior e exterior ao raciocínio dos homens. Era preciso, pois, considerá-los como coisas e estudá-los por métodos gramaticais, lexicológicos e analógicos.

Na medida, porém, em que os sentidos da palavra absoluta são infinitos e cada palavra pode dizer tudo, o discurso engenhoso liberta a palavra da disciplina lógica e torna-a disponível para a pura criação literária. Sob a capa de explicação de texto, os literatos poderiam extrair dela conceitos variados que não tinham a menor relação com a Fé religiosa. Foi o que fizeram numerosos pregadores, procurando seduzir um público que ia ao sermão como a um espetáculo. Vieira se queixa destes ouvintes "agudos" que compara aos espinhos pontudos da parábola do Semeador. Basta ler o pregador mais citado e admirado por Gracián, Frei Hortensio Felix Paravicino, para ver até que ponto a pregação pode tornar-se um gênero exclusivamente literário. Com a liberdade absoluta que lhe dá o discurso literário, Paravicino diverga da palavra para a coisa, da coisa para a palavra, da narrativa para metáfora, da metáfora para a metáfora de metáfora, tecendo uma prosa rítmica, infinitamente fluente. Lembra-nos, por vezes, o surrealismo.

É contra esta gratuidade do discurso que Vieira reage neste sermão. Para ele, o discurso precisa ter conteúdo, transmitir uma mensagem. Não examina, porém, a própria natureza do discurso. Ao discurso engenhoso esvaziado do conteúdo sagrado originário, opõe este mesmo discurso engenhoso como método de demonstração e de comunicação da verdade. Ele ainda se movimenta dentro da idéia da Palavra revelada e criadora, enquanto para Gracián e outros a Palavra e a Realidade cada vez se afastavam mais uma da outra.

À Espanha, apesar das expressões por vezes patéticas da mais fiel ortodoxia, chegava, por sua vez, ao limiar da idade moderna laicizada e burguesa.

Isto, porém, é outro assunto. O que pretendi, nesta exposição, foi destacar o conceito de "discurso engenhoso" em oposição ao de "discurso clássico". Para o primeiro, as palavras não são representantes, mas seres absolutos, nos quais não se distingue significante de significado e que existem independentemente da relação com seus referentes. O método do discurso consiste em tirar de determinada palavra, por meio da análise lexicológica e gramatical, um número indefinido de outras palavras, que se organizam segundo as leis de uma composição decorrente mais da estética geométrica que da geometria dedutiva.

Parece-me considerável a importância deste conceito como

instrumento de análise literária. Dar-nos-á a possibilidade de compreender textos considerados barrocos e, talvez, também trazer alguma contribuição à confusa discussão sobre o próprio conceito do barroco.

4. O "CONCEITO" SEGUNDO BALTASAR GRACIÁN E MATTEO PEREGRINI OU DUAS CONCEPÇÕES SEISCENTISTAS DO DISCURSO

I. INTRODUÇÃO

É muito interessante descobrir que, entre 1639 e 1642, aparecem na Espanha e na Itália dois livros, cujo assunto é uma entidade por que ninguém até então se tinha interessado *ex professo:*

Bolonha e Genova, 1639, *Delle acutezze che altrimenti spiriti, vivezze e concetti volgarmente si appellano / ... / trattato di* Matteo Peregrini, bolognese.

Madri, 1642, *Arte de Ingenio, tratado de la Agudeza en que se explican todos los modos y diferencias de conceptos*, por Lorenço Gracián[a].

---

a. Trata-se da primeira edição do tratado que na segunda edição (Huesca, 1648) se intitulou: *Agudeza y Arte de Ingenio*. O verdadeiro nome do autor é Baltasar.

125

Cada um dos autores afirmava a originalidade e a novidade do empreendimento, o italiano aludindo a todos os autores que, antes dele, tinham tratado de retórica e de estilo, o espanhol numa frase grandiloqüente:

Y tu, o libro, aunque lo nuevo y lo raro te afianzan, si no el aplauso el favor de los lectores, com todo eso deprecarás la suerte de encontrar con quien te entienda[1].

Esta coincidência não pôde deixar de impressionar o grande amigo e protetor de Gracián, D. Vicencio de Lastanosa, que, numa "advertência" a *El Discreto*, em 1646, não hesitou em insinuar que Peregrini tinha traduzido Gracián. O italiano, ciente desta acusação injusta, devolveu simplesmente a bola, em outro livro que publicou em 1650, *I fonti d'Ingegno:*

un certo che, tradotto il mio libreto delle acutezze in Castigliano, se ne fece l'autore, e di più si gloriò che fosse stato da me transportato in Toscano[2].

Desde Benedetto Croce, discutiu-se se Gracián tinha ou não plagiado Peregrini. Apesar de verificar certas coincidências entre os dois, sobretudo no que se refere à oposição entre *Ingenio* e *Juicio*, Croce[3] libera Gracián desta acusação. Retomando o assunto, A. Coster acha que a *Agudeza* nada apresenta de novo em relação ao *Trattato* de Peregrini, mas não encontra prova palpável de plágio. E. Sarmiento, pelo contrário, empenha-se em pôr em evidência a originalidade de Gracián, e demonstra, aliás sem dificuldade, que Coster, que só admitia como estética a do classicismo francês, nada compreendera da *Agudeza*[4]. Parece-me, entretanto, que Sarmiento[5], por sua vez, não compreendeu muito bem Peregrini, contra o qual alimentava um preconceito evidente.

No fim desta controvérsia, uma conclusão parece evidente: Gracián não plagiou Peregrini. Uma outra conclusão fica indefinida: ele conheceu o livro do seu predecessor e inspirou-se nele, por vezes.

O que, no entanto, é certo é terem os dois livros títulos que permitem a classificação sob uma mesma rubrica num catálogo de matérias, o que chama realmente a atenção por se tratar, se assim se pode dizer, de matéria nova e de rubrica rara. Numa mesma época e pela primeira vez, a mesma idéia parece ter vindo ao espírito de dois autores, pertencentes a nações e conjuntos culturais muito diferentes. Impõe-se uma aproximação comparativa entre os dois a fim de se poder conhecer melhor aquilo a que se referiam e apreender com mais profundidade este espírito "engenhoso" que me parece caracterizar a cultura hispânica do século XVII, mas de que também se falou na Itália e na França[6].

Esta aproximação, independente do problema do plágio, é o assunto das páginas que se seguem.

II. PONTOS EM COMUM

1. O assunto

Na introdução e no primeiro capítulo do seu livro, Peregrini se gaba de ser o primeiro autor a tratar das *acutezze* ou *concetti*, assunto que a moda literária tornava atual. Ainda que algo de semelhante fosse conhecido pelos antigos sob o nome de *Urbana* (Cícero ou Quintiliano), *Sententiae* (Quintiliano e Sêneca) ou *Acumina*, isso ainda não fora objeto de um tratado especial. Cícero dedicara um estudo às *Facetiae* (*acutezze* jocosas) e Quintiliano fizera algumas observações sobre o uso das *Sententiae*. Entre os modernos, o Padre Caussino dedicara a *laudatoria acumina* um capítulo do seu tratado *De Sacra Eloquentia* e Agostino Mascardi criticara o uso, então em moda entre alguns historiadores, de semearem a narração com sentenças ou *acutezze*. E era tudo o que sobre o assunto se tinha dito antes do nosso autor[b].

Este, para combater os abusos de alguns escritores e uma corrupção crescente no estilo, propunha-se[c]: dar uma definição de *acutezza*; mostrar os elementos que entravam na sua construção e donde provinha o prazer que proporcionavam; classificá-las; distinguir as boas das viciosas; enfim, estabelecer regras para o seu bom uso. Podem-se distinguir duas partes do *Trattato:* a primeira é uma notável análise científica da estrutura da *acutezza*; a segunda é normativa e refere-se ao bom ou mau uso que dela se pode fazer. As definições e explicações são seguidas de exemplos comentados, tirados quase exclusivamente da literatura latina pagã e muito raramente de autores cristãos.

Esta rápida indicação basta para nos mostrar que existe entre o assunto dos dois livros a mesma coincidência que entre os títulos.

---

b. Ver sobretudo pp. 18 e 19 da obra e ed. citadas.

c. "tra le corruttele che a contaminar la facondia prosaica novellamente serpeggiano l'indiscreta affettatione delle Acutezze, Concetti o Spiriti sopra tutte l'altre peraventura si avanza" (p. 1).

2. A definição de Agudeza

Se descermos aos pormenores, veremos que o capítulo 3 de Peregrini tem como título e assunto "in che consista l'essenza dell'Acutezza"; e o "discurso" 2 de Gracián, "essencia de la Agudeza ilustrada". São capítulos-chave, cuja doutrina convém examinar.

Peregrini nos dá de *Acutezza* uma definição em que entram três componentes: *Ingegno*, *Artificio* e *Acconcezza* (ou concordância). O *Ingegno* não se satisfaz com uma boa e evidente conexão silogística, como o *Intelletto*. Precisa descobrir algo de raro e artificioso na relação entre duas coisas. A satisfação que nos oferece uma proposição de Euclides é muito diferente daquela que se sente ouvindo um "engenhoso" epigrama de Marcial, e isso decorre do fato de haver entre os termos reunidos pelo silogismo uma ligação de certa maneira natural, enquanto que a que encadeia os elementos de uma *acutezza* nos parece criativa, um êxito artístico. O *Ingegno* e o *Intelletto* têm finalidades totalmente diferentes: o primeiro, o Belo, o segundo, o Verdadeiro[d].

Por meio do *Artificio*, o *Ingegno* estabelece entre dois termos ou *estremi* certa conformidade, *Acconcezza*. As diversas partes da *Acutezza* constituem um único corpo, cuja unidade não está no pensamento, mas no "dizer" (*detto*). E esta *acconcezza* entre os termos que constituem a *acutezza* é comparável à relação das proporções que está na origem da música ou que caracteriza a beleza corporal[e].

In somma, l'artificio hà luogo solamente o principalmente non già nel trovar cose belle, ma nel farle; e l'oggetto del plausibile a nostro proposto non s'appartiene all'intelletto, che solo cerca la verità e scienza delle cose, ma si bene all'ingegno, il quale tanto nell'operare quanto nel compiacersi hà per oggetto non tanto il Vero quanto il Bello. Dunque la rarità dell'artificio nel legamento entimemático al nostro fine non si spiega tanto nel trovare una perfetta congiuntione del mezzo con gli estremi quanto nel formare una vicendevole molto rara e compeggiante acconcezza (p. 42).

... tutte le cose che composte di molte parti hanno da far oggetto molto dilettevole vengono a farlo principalmente mediante un molto accocio riscontro delle medesime parte loro. L'esperienza il dimostra nella musica. E la bellezza corporea, oggetto tanto dilettoso, per concorde senso de' savi, si regge peincipalmente da una rarità di proportione. Dunque, nel artificioso legamento, sia di cose o parole, che qui viene

---

d. *Op. cit.*, p. 42.
e. *Op. cit.*, pp. 3, 32.

a considerarsi, il preggio tutto dipenderà della vicendevole loro acconcezza (p. 32).

Vamos também encontrar na definição de Gracián os três componentes deste conceito de *Acutezza–Ingegno, Artificio, Acconcezza:*

> Consiste, pues, este artificio conceptuoso en una primorosa concordancia, en una harmónica correlación entre los cognoscibles extremos, expresa por un acto del entendimiento (p. 1167).

Esta definição foi repetida e de certa maneira explicada na segunda edição, como segue:

> Es un acto del entendimiento que exprime la correspondencia que se halla entre los objetos. La misma consonancia o correlación artificiosa exprimida es la sutileza objetiva (p. 240).

Precisamos, de início, apreender o que esta definição de *Concepto* tem em comum com a de Peregrini, antes de verificar o que as separa.

Primeiramente, o conceito de *concordancia, consonancia, correspondencia*, que liga artificiosamente os dois extremos, é exatamente o mesmo que Peregrini designa pela palavra *acconcezza*. Para Gracián como para Peregrini esta relação entre partes diferentes é de natureza igual àquela em que se baseiam a música e a beleza corporal:

> Toda potencia intencional del alma goza de algun artificio en su objeto; la proporción entre las partes del visible es hermosura, entre los sonidos, consonancia, y hasta el vulgar gusto halla combinación entre lo picante y suave, entre lo dulce y agrio (p. 1167).

> Lo que es para los ojos la hermosura y para los oídos la consonancia, eso es para el entendimiento el concepto (p. 1166).

Em seguida, tanto para Gracián como para Peregrini, o *Artificio* é indispensável à satisfação do *Ingenio:*

> El entendimiento, como primera potencia, alzase con la prima del artificio, con lo estremado del primor en todas suas diferencias de objectos (p. 1167).

> ... El concepto consiste también en artificio, y el superlativo de todos. No se contenta el ingenio con sola la verdad, como el juicio, sino que aspira a la hermosura. Poco fuera en la arquitectura asegurar firmeza, si no atendiera al ornato (p. 1167).

Nesta idéia essencial se baseiam as regras para a invenção de *agudezas*. Peregrini a elas se refere, principalmente no capítulo IX, *Dell'inventione del mezzo da far quell'artificioso lega-*

mento che regge l'Acutezza. Em resumo, sendo dados os dois termos, ou *estremi*, cumpre estabelecer entre eles uma relação "per guisa che l'una [cosa] cada raramente in concio dell'altra"; e para isso é preciso considerar as diferentes categorias gramaticais como pessoa, lugar, tempo, circunstância, etc.

Esta procura de correspondência entre dois termos, Gracián designa-a como *el careo*, palavra que se pode traduzir por confrontação e de que distingue duas espécies: a de determinado assunto com suas circunstâncias ou determinações, e a de um assunto com um termo que lhe é exterior:

> Es el sujeto sobre quien se discurre [...] uno como centro de quien reparte el discurso líneas de sutileza a las entidades que lo rodean, a los adjuntos que lo coronan, como son causas, efectos, atributos, contingencias, circunstancias y cualquiera otra entidad correspondiente; caréalas con el sujeto y en descubriendo alguna conformidad o proporción que digan unas con otras, esprímela con sutileza (p. 1169).

> En este modo de discurrir [la semejanza] caréase el sujeto con las entidades extrínsecas; sus adjuntos con los del término assimilado (p. 1180).

Notemos que para os dois autores a correspondência entre os dois termos deve se basear em algo de raro ou de excepcional.

Peregrini:

> L'artificio, perchè hà de partorir il mirabile, non dovrà esser comunale, ma grandemente raro; [...] la sua rarità e virtù se spiegnerà nel far comparir una molta vicendevole acconcezza tra le parti nel Detto artificiosamente legati (p. 34).

Gracián:

> ... no cualquiera semejanza contiene en si sutileza y pasa por concepto sino aquellas que se fundam en alguna contingencia especial, y les da pie alguna rara contingencia (p. 1180).

Portanto o ensinamento dos dois autores, pelo menos na aparência, é o mesmo. Veremos, mais adiante, que essas coincidências escondem diferenças profundas na atitude de cada um em relação aos fatos da expressão, e às respectivas filosofias estéticas.

3. Retórica e Agudeza

Insistiu-se, com razão, no fato de Gracián distinguir *arte de ingenio* de retórica. Para ele os tropos são apenas materiais para construir conceitos (p. 1164). Coster não compreendeu o que havia de inovador nesta concepção: para ele eram apenas palavras. Por seu lado, Sarmiento, atraindo, depois de outros, a atenção para esta distinção entre arte de *agudeza* e arte retórica, via nisso uma das originalidades de Gracián em relação a Peregrini, que teria visto na *agudeza* apenas um tropo. Ora, isso não é verdade. Peregrini não confunde as duas coisas, mas, pelo contrário, diz expressamente que os tropos ou figuras são somente "instrumentos" para constituir as *acutezze*. O capítulo 8 de seu livro se intitula: *Porta il Traslato, Noema, Anfibogia e Fintio palese per quatro principali instromenti da formar l'Acutezza*. Refere-se a quatro figuras de retórica, "maniere d'alterar artificiosamente l'oratione in meglio, da' Rettori figure appelati" (p. 130). De fato, certas figuras ou tropos, como as indicadas no título em questão, prestam-se mais que outras para formar *Acutezze*.

Se é verdade, portanto, que Gracián insistiu mais que Peregrini nesta distinção entre retórica e *arte de agudeza*, isto não impede que ele pudesse ter encontrado esta idéia no italiano. E, em vez de diferença, ter-se-ia então uma coincidência a mais.

Não é neste ponto que se deve procurar a originalidade de Gracián em relação ao seu predecessor ou contemporâneo. Eles não diferem pelo que é expresso e visível, mas antes nos bastidores que escondem coincidências aparentes. As superfícies se assemelham, os arcabouços nem sequer são comparáveis.

III. COINCIDÊNCIAS APARENTES

"Ingenio" e "Juicio"

Aparentemente, Gracián entre *Ingenio* e *Juicio* estabelece a mesma distinção que Peregrini entre *Ingegno* e *Inteletto*, como parecem demonstrar os textos abaixo:

No se contenta el ingenio con la sola verdad como el Juicio, sino que aspira a la hermosura.

... non s'appartiene all'intelletto che solo cerca la verità e scienze delle cose, ma si bene all'ingegno il quale [...] hà per oggetto non tanto il Vero quanto il Bello (p. 42).

Notemos que Gracián emprega às vezes como sinônimos *Entendimiento, Ingenio* e também *Mente*. Poderíamos ainda citar outros trechos, como o seguinte:

Tiene cada potencia un rey entre sus actos y un otro entre sus objetos; entre los de la *mente* reina el concepto, triunfa la agudeza.

Entendimiento sin conceptos es sol sin rayos; y cuantos brillan en las celestes lumbreras son materiales, comparados con los del *ingenio* (p. 1165).

O que acontece na realidade é que *Ingenio* tem, por vezes, um sentido lato, designando, como *Mente* e *Entendimiento*, o conjunto da atividade mental; e não raro um sentido restrito, designando a faculdade que se opõe a *Juicio*, como no-lo demonstra não somente o trecho já citado, mas ainda esta frase que inicia a explicação "Al lector":

He destinado algunos de mis trabajos al juicio, este dedico al ingenio (p. 1164).

Este duplo emprego de *Ingenium* não é uma particularidade de Gracián. Devia ser usual no século XVI, pois que encontramos em um outro livro de Peregrini, intitulado *I Fonti dell'Ingegno* (Bolonha, 1650), a palavra *Ingegno* empregada num sentido mais geral, o que aliás o autor se preocupa em explicar:

Dico Ingegno comprendendo tanto quella parte dell'animo che, speculativa, riguarda e procura solo il Vero, la quale propriamente s'appella Intelletto e ch'è governata dalla Loica, quanto quella che in un certo modo prattica, mira e cerca di trovare il bello e l'efficace, la quale, separatamente, ritiene il comune titolo d'Ingegno, e che resta del tutto in balia della Retorica" (p. 40).

Quanto ao uso da palavra *Ingenium*, a única diferença entre os dois autores é que Peregrini, um bom lógico, nos avisa quando o emprega em sentido diverso, e o outro não se preocupa em fazê-lo.

Onde Gracián vai buscar este emprego de *Ingenio* em oposição a *Juicio?* E. R. Curtius, no seu grande livro sobre a literatura européia e a idade média latina, encontra a origem no *Diálogo de la Lengua* de J. de Valdès.

J. de Valdès ensina que o julgamento deve escolher o que há de melhor entre os achados do *ingenium* e inseri-lo em seguida em lugar e situação adequados. Invenção e disposição (*disposición--ordenación*) são as duas partes principais do discurso: à primeira corresponde o *Ingenium*, à segunda o *Juicio*. Este é o uso lingüístico em que se baseia Gracián, e é espantoso que até agora ninguém tenha percebido isso[7].

As coisas, no entanto, não são assim tão evidentes. Pois quando Valdès fala em duas faculdades é para fazê-las cooperar num mesmo trabalho. Não há entre elas oposição, mas sucessão: o *Ingenio* inventa, em seguida o *Juicio* ordena, e desta colaboração nasce um discurso. Mas não é disso que Gracián fala: para ele, há um gênero de discurso próprio do *Ingenio*, que decorre mais do *Belo*, e outro que decorre mais do *Verdadeiro* e que depende do *Juicio*. Estas duas faculdades não colaboram na construção de um único discurso, cada uma delas gera discursos diferentes, procura finalidades diversas. Deve-se, portanto, concluir que o uso lingüístico em que se baseia Gracián não é aquele que Curtius encontrou em Valdès.

Em compensação, o uso que Gracián faz das palavras *Ingenio* e *Juicio* corresponde exatamente ao que Peregrini faz das palavras *Ingegno* e *Intelletto*. Deve-se crer que Gracián herdou de Peregrini esta oposição?

Seja o que for, é preciso salientar que para a doutrina deste último era indispensável o conceito de *Ingenium* em oposição ao de *Intelletto*. De fato, segundo esta doutrina, uma *Acutezza* não é um pensamento, mas um "dizer":

... l'acutezza non consiste in un ragionamento ma in un detto, il quale può si bene haver molte parti, mas con tuttociò, almeno virtualmente serà sempre uno (p. 13).

... l'acutezza non si regge dela qualità dalla materia e del objetto significato, ma da quella del artificio e forma di favellare (p. 14).

A relação entre as diferentes partes deste dizer não era um raciocínio, mas um artifício verbal, cujo valor não decorre, portanto, da razão ou do julgamento, mas de outra faculdade que se deixa sensibilizar pelo artifício. Em resumo, Peregrini reconhece que, apesar da ausência de lógica, a *Acutezza* proporciona uma espécie de prazer, que ele atribui ao *Ingenium*, não podendo atribuí-lo à razão (*Intelletto*). Sem o conceito de *Ingenium*, esta construção não se manteria.

Gracián encara-o de outra maneira, porque parece não fazer distinção entre o relacionamento objetivo entre as coisas, percebido pela razão, e o *artifício* estabelecido entre as palavras pelo *Ingenio*. Voltaremos a este assunto. No momento, basta-nos observar que se a *Agudeza* "es un acto del entendimiento que exprime la correspondencia que se halla *entre los objectos*" (o grifo é nosso), decorre de um julgamento racional (= juicio) e para apreciá-lo não é preciso outra faculdade. E além do mais o *Artifício* não parece ser a mesma coisa para Gracián e para Peregrini, se se atenta para trechos como estes:

Atiende la Dialectica a la conexión de términos para formar un sylogismo, y la Retórica al ornato de palabras para componer una figura. De aqui se saca con evidencia que el concepto consiste también en artificio y el superlativo de todos (p. 1167).

Assim, o *Artifício* serviria tanto para formar uma *agudeza* e uma figura de retórica quanto um silogismo. Ora Peregrini ensinara, justamente, que onde houver um raciocínio lógico não pode haver um *Artifício:*

> Dove il mezzo congiungnente e le cose congiunte stiano nella natural condition loro, non si può formar cosa alcuna di raro, e mancando affatto l'artificio, altro di pregio non può sperarsi che una buona e chiara connessione silogistica, e così al intelletto molto sadisfare, ma non già punto all'ingegno (p. 43).

Assim, para Gracián, o *Artifício* não parece indispensável à definição de *Agudeza*, pois não designa um gênero de conexão diferente da do raciocínio lógico. Que sentido têm então estas duas palavras *Artifício* e *Ingenio?* São como fantasmas que procuram em vão um lugar num encadeamento real. Gracián os encontrou na herança cultural que lhe coube e — talvez — em Peregrini, mas não conseguiu dar-lhe um papel funcional na sua definição. Nesta a única idéia realmente indispensável é a que Gracián expressa pelas palavras *Concordancia, Consonancia, Correlación, Correspondencia, Proporción,* etc. que correspondem, todas, à *Acconcezza* de Peregrini.

IV. DIFERENÇAS EVIDENTES

1. Fontes e exemplos

As diferenças entre *Arte de Ingenio* e *Delle Acutezze* são numerosas. Há algumas que transparecem logo, como é o caso das fontes literárias dos dois autores: Peregrini procura seus exemplos em Cícero, Tito Lívio, Floro, Virgílio, César, Sêneca, Marcial, Ovídio, Plínio o Moço, mais raramente ainda em Santo Agostinho ou São Jerônimo, e para ele praticamente não existe literatura moderna; Gracián, ao contrário, apesar de citar também os autores latinos, nos dá uma antologia de autores modernos e contemporâneos da língua castelhana, italiana e portuguesa, nos familiariza com Gôngora, Lope de Vega, J. de Montemayor, Garcilaso, Camões, Guarini, Marino, Boccalini, Petrarca, nos apresenta amostras dos Cancioneiros medievais, e recorre amplamente à literatura sagrada, especialmente aos sermões, que Peregrini praticamente ignora.

2. A favor e contra a Agudeza

Quando se lê atentamente Gracián, tem-se, por vezes, a impressão de que ele contradiz Peregrini, ainda que não o cite.

No conjunto, a *Arte de Ingenio* é um panegírico magnífico da *Agudeza*, enquanto o *Trattato* de Peregrini combate os excessos do estilo conceptista e por vezes dá a entender que a *agudeza* é própria de espíritos frívolos. O capítulo 10 do *Trattato* de Peregrini tem o seguinte título: *Lo studio delle Acutezze essere da ingegno leggiero*. Os Antigos, nota Peregrini, desprezaram este gênero de estilo; se Ovídio se deixou, algumas vezes, seduzir por ele, merecendo por isso ser chamado *ingeniosissimus poetarum*, foi por erro; Marcial, que o empregou mais que qualquer outro, considerava, ele mesmo, estas *acutezze* como *nugae*, isto é, frivolidades e infantilidades.

Será que Gracián tem em vista Peregrini quando escreve:

> No fue paradoja sino ignorancia condenar todo concepto. Ni fue Aristarco sino monstruo el que satirizó la agudeza, antípoda del ingenio, cuya mente debia ser el desierto del discurso. Son los conceptos vida del estilo, espíritu del decir, y tanto tiene de perfección quanto de sutileza (p. 1248).

Parece-nos muito provável que este "antípoda do engenho", este "deserto do discurso" não é outro senão Peregrini.

Mas há uma outra afirmação de Peregrini que Gracián parece contradizer de maneira polêmica. Podem-se estabelecer regras para a *Agudeza*, ou será preciso deixá-la por conta da espontaneidade do *Ingenium*? Peregrini toma posição contra a possibilidade e mesmo o interesse de tais regras, e sustenta que a *Agudeza* é um produto espontâneo do engenho:

> E perchè regole speciali, certe e facili da figurar le detti parti con tanta rarità che no risulta una molto gratiosa vicendevole acconcezza non hà l'arte, rimane tutto il campo alla virtù dell'ingegno, la quale non può mostrarsi ammirabile salvo che operando bene per eccellenza dove per bene operare non hà regola speciale (p. 43).

A agudeza depende, portanto, de *virtù* ou força espontânea do engenho e não de qualquer *arte* aprendida.

E àqueles que se sentissem tentados em lhe pedir regras para fazer concordar artificiosamente os dois *estremi*, ele responde:

> Ma queste cose non si debbono tanto minutamente masticare. Bisogna lasciar campo alla virtù dell'ingegno di ciascheduno (p. 58).

Isto Gracián nega energicamente. Sustenta pelo contrário que não somente pode, mas deve haver regras para o *Ingenium*:

> Hallaron los antiguos método al silogismo, arte al tropo; sellaron la agudeza, ò por no ofenderla ò por desauciarla, remitiéndola a sola la valendia del ingenio. [...] Son los conceptos hijos màs del esfuerzo de

la mente que del artificio; concíbense a caso, salen a luz sin magisterio. [...] No se puede negar arte donde amenazan yerros, ni hábito onde reina la dificultad: armase con reglas un silogismo, fórjese pues con ellas un concepto. Mendiga dirección todo artificio, cuanto más sutilezas del ingenio (p. 1166).

Note-se que *valendia* (do engenho) é aqui a tradução de *virtù*.

E, justamente o que Gracián pretende é expor no seu livro as regras desta arte. Peregrini pretendeu nos dar um tratado *delle acutezze*; Gracián quer nos dar não somente um *tratado de la agudeza*, mas também uma *arte de ingenio*.

V. OPOSIÇÕES PROFUNDAS

1. A Agudeza e o discurso

Por detrás das definições bastante próximas de *Agudeza* ou *Acutezza* que já comparamos, escondem-se diferenças tanto mais profundas quanto menos aparentes. Os dois autores, quando empregam esta palavra, não pensam exatamente na mesma coisa. Consideremos primeiro o papel da *Agudeza* no discurso.

Peregrini pensa, sobretudo, no que os Antigos denominavam *Sententiae*, e Cícero em particular *Dicta brevia*. Ainda que todas as *sententiae* que encontramos nos Antigos não se possam encaixar no conceito de *acutezza*,

il semenzaio nulladimeno è il medesimo, e la differenza porventura è solo di più del meno. Avviene como in un gran rosaio nel quale le boccie siano in numero grande, ma le rose fiorite vedansi rare (p. 166).

A diferença entre *sententiae* e *agudeza*, segundo este texto, é mais quantitativa que qualitativa.

Esta interpretação foi, aliás, retomada por Sforza Pallavicino, no seu livro *Trattato dello stile e del dialogo* (Roma, 1662), capítulo X, *De' concetti*, que apóia em grande parte a teoria de Peregrini: "Grande ornamento dello stile sono quelle arguzie che ignote a' Greci per lungo tempo, e da' Latini appellate *sentenza*, son chiamati *concetti*". Baseado nestas sentenças, Peregrini reproduz a doutrina de Quintiliano (p. 162) e a endossa; elas podem ter uma força especial, e, como um arco distendido, fazerem penetrar com força a verdade no espírito do ouvinte (p. 52). Colocavam-na no fim das cláusulas para realçá-la ainda mais ("nel fine del dire").

Assim, para Peregrini a *Acutezza* é um pormenor do discurso, um esmalte que se acrescenta, um ornato. O *Ingegno* torna mais convincentes as razões do *Intelletto*, reforçando-as aqui e ali pelo poder da beleza.

Para Gracián, pelo contrário, a *Agudeza* não é um detalhe, uma coisa a mais, mas a própria alma de todo o discurso. Só concebe discurso engenhoso:

> Son los conceptos vida del estilo, espíritu del decir (p. 496).
> Siempre insisto en que lo conceptuoso es el espíritu del estilo (p. 505).

A engenhosidade não se limita à construção de simples *detti* para rematar uma frase: ela se ocupa dos conjuntos, dos arcabouços:

> Es gran eminencia del ingenioso artificio llevar suspensa la mente del que atiende, y no luego declararse; especialmente entre grandes oradores está mui valida esta arte. Comienza a empeñarse el concepto, deslumbra la expectación, o la lleva pendiente y deseosa de ver adonde va a parar el discurso, que es un bien sutil primor, y después viene a concluir con una ponderación impensada (p. 434).

Eis por que a arte da *Agudeza* pode se dividir em *artificio menor* ou *incompleja*, que se reduz a "un acto solo" (um único ato de correlação entre termos) e *artificio mayor* ou *compuesta*, formado por vários atos reunidos por um mesmo arcabouço, "si bien se unen en la racional trabazón de un discurso."[8] Esta última é:

> una composición artificiosa del ingenio en que se erige máquina sublime, no de colunas y architraves, sino de asumptos y de conceptos (p. 1168).

Assim esta *acconcezza*, este *"legamento artificioso"* que, entre as partes de um *detto*, Peregrini supunha da mesma natureza da música ou da beleza corporal, Gracián amplia-a para a obra inteira, para o conjunto do discurso. Dedica um capítulo inteiro da *Arte de Ingenio*, à discussão de qual das duas é mais perfeita: a *agudeza libre*[9], isto é, o discurso composto de muitas *agudezas* independentes umas das outras, ou a *agudeza encadenada*, isto é, um discurso subordinado a uma *agudeza* que serve de estrutura para o conjunto. No primeiro caso, o discurso seria uma série de *agudezas*; no segundo, uma *agudeza* de muitas partes. Gracián parece hesitar entre as duas soluções, mas dá uma razão convincente em favor da segunda:

> Siempre el todo, así en la composición física como en la artificiosa, es la más noble, y, si bien su perfección se origina de la de las partes, añade a la de las unas la de las outras, y de más a más la primorosa unión (p. 1237).

Alguns pretendem que a agudeza livre favorece a variedade, mas na realidade, responde Gracián, a *agudeza encadenada*

> no solo no carece de variedad sino que antes la multiplica, ya por las muchas combinaciones de las agudezas parciales, ya por la multitud de modos y de generos de uniones (p. 1238).

Assim o discurso é apenas um tecido de *agudezas*, sucedam-se elas em cascata, ou se ordenem numa composição geométrica de conjunto. Não se poderia encontrar uma concepção mais incompatível com a de Peregrini, que vê no próprio discurso um encadeamento lógico, enfeitado aqui e ali por algumas *acutezze* a serviço da idéia que se procura comunicar.

Com tal teoria, que pensar do *Juicio*? Aparentemente, tal como o *Ingenio*, é uma das aberturas do *Entendimiento*. Na realidade, não representa nenhum papel no discurso, que tanto no detalhe como no conjunto é inteiramente obra do *Ingenio* "que visa à Beleza". Observando apenas as palavras, há uma coincidência entre Gracián e Peregrini quando distinguem e opõem *Ingenio-Ingegno* a *Juicio-Intelletto*; mas se se vai ao fundo das coisas, *Juicio* em Gracián é apenas uma espécie de falsa janela simétrica, não há nada que fazer com ele. O *Ingenio* se confunde com o próprio *Entendimiento*, sem deixar espaço ao *Juicio*, e não há discurso senão o engenhoso:

> Tiene cada potencia un rey entre sus actos y un otro entre sus ojectos: entre los de la mente reina el concepto, triunfa la agudeza.

Essa diferença profunda entre os dois autores torna-se ainda mais evidente se prosseguirmos na análise do conceito de Agudeza em um e outro.

2. O elo entre os dois "extremos"

Peregrini se detém estudando a natureza do elo que une as duas partes ou *estremi* do *Detto*. Vimos que na *Acutezza* a relação entre os membros não é lógica, mas "artificiosa", pertencendo o artifício à esfera do Belo e não do Verdadeiro. As duas esferas, a do *Intelletto* e a do *Ingegno*, são tão distintas uma da outra que se apresentam como paralelas:

> Perciòche si come Aristotele definì l'accortezza dell'intelletto una prestezza nel trovar felicemente il mezzo per far la dimostrazione, così noi potremo deffinir l'accortezza dell'ingegno al proposto nostro un felice trovamento del mezzo per legar figuratamente in un Detto, con mirabile acconcezza, diverse cose (p. 45).

Ora, qual a natureza deste elo entre as partes? Peregrini só conhece uma resposta: a do *entimema*. Esta expressão na época significava o silogismo imperfeito, com uma das proposições subentendida. Eis por que ele define *acutezza*:

un artificioso legamento entimematico di più cose in un Detto per guisa che cadano l'una tanto raramente in concio dal altra che l'ingegno del Dicitore diventi ogetto d'ammiratione, etc. (p. 178).

Assim a Agudeza é uma ligação por um lado *artificiosa*, mas, por outro, *entimemática*.

Ora, o entimema, silogismo reduzido, é uma construção lógica, portanto, fato do *Intelletto*, não do *Ingegno*. Quando duas coisas são unidas unicamente pelo elo lógico, natural, não há *acutezza:*

Dove il mezzo congiugnente e le cose congiunte stiano nelle natural condition loro, non si può formar cosa alcuna di raro, e mancando affatto l'artificio, altro di pregio non può sperarsi che un buona e chiara connessione silogistica, e così al intelletto molto sodisfare, ma non già punto al ingegno (p. 43).

É indispensável que o elo lógico seja *artificioso*, não natural. Que quer isto dizer? Que tenha a forma de uma "figura" retórica:

Egli è dunque mestere che'l mezzo o gli estremi, ò tutti, siano artificiosi, ò, come direbbe il Retore, figurati [...]. Quando, adunque, il legamento figurato giugnerà a formare una tanto rara acconcezza [...] averemo nel detto l'Acutezza mirabile (p. 53).

Estamos diante da noção de "figura". Mas donde provém o valor da figura retórica enquanto elemento de conexão?

Entimematico figurato formante l'acutezza intendo quando la figura fà luogo all'entimema (p. 118).

Está evidente: a figura substitui o entimema, está "em lugar" do entimema. Na realidade, ela apenas oculta uma relação entimemática. É assim que Peregrini analisa uma *acutezza* de Marcial. Referindo-se a uma senhora que adquirira maus hábitos nos banhos públicos, o poeta latino escreve "Penelope venerat, abiit Elena" (chegou [como] Penélope, saiu [como] Helena). O "legamento", salienta Peregrini, une não somente palavras e coisas, mas também as coisas entre si:

perchè congiunse Penelope e Elena con la proposta donna. Ne fu semplice enuntiatione, ma hebbe l'entimematico, perchè congiunse due cose mediante una terza. Anzi l'entimema fù doppio. Uno fù nel dir che colei era venuta Penelope, e in questo viene congiunto Penelope con essa, e'l

139

mezzo fù la pudicitia comune ad ambidue. L'altro fù nel dire ch'era partita Elena, e'l mezzo parimente fù la impudicitia comune (p. 56).

Trata-se de uma análise lógica: *donna* liga *Penélope* e *Helena*, porque *donna*=pudicitia=*Penélope* e *donna*=impudicitia=*Helena*.

É assim que, no fim de um desvio inútil, Peregrini se encontra no terreno da lógica, depois de ter querido afastar-se dele. O *Mezzo* ou elo é, na *Acutezza*, uma figura que apela para o sentido do Belo, isto é, o *Ingegno*; mas a figura se reduz a uma forma particular de silogismo, cujo único juiz é o *Intelletto*.

Esta conclusão parece inevitável, desde que se admitam as definições iniciais do autor:

In un Detto non è altro che parole, objetti significati e loro vicendevole collegamento. Le parole, si come anche gli objetti o cose, appartamente considerate, sono pura materia. Dunque l'Acutezza si regge necessariamente del legamento.

Questo può considerarsi trà parole e parole, trà cose e parole, trà cose e cose, e in ciascuna di queste maniere può essere artificioso e anco senza artificio (p. 32).

É desse ponto de vista que Peregrini quer julgar a validade das *acutezze*. Há algumas que estabelecem relações reais entre coisas, por meio de uma boa figura entimemática: são aceitáveis e mesmo recomendáveis. Há outras que estabelecem apenas entre palavras ligações que não têm o menor sentido. Devem ser rejeitadas.

Vê-se que Peregrini se coloca no terreno do que chamamos hoje semiologia; a sua análise aproxima-o de Saussure. O que o interessa é o elo entre as palavras e as coisas. Quando ele existe, o *concetto* é aceitável; quando não existe, e a relação é só entre palavras, o *concetto* é sem valor.

Nada está mais distante do pensamento de Gracián que este gênero de problema. Ele fala várias vezes das correspondências entre objetos, *términos* ou *extremos,* e parece basear neste gênero de relacionamento a própria classificação de *agudezas*, mas a palavra *objeto* tanto se refere a palavras como a coisas. Gracián não considera a relação entre significante e significado. Diz ele na segunda edição de seu livro:

Estas son las agradables proporciones e improporciones del discurso, concordancia y disonancia del concepto, fundamento y raiz de casi toda la agudeza, y a que se viene a reducir todo el artificio conceptuoso, porque o comienza o acaba en esta armonía de los objetos correlatos (p. 259).

E em que se baseia este relacionamento designado, como

vimos, por uma série de sinônimos — *proporción, concordancia, correspondencia, consonancia, correlación?* Gracián não parece preocupar-se com isto. É uma "harmonia" e está tudo dito. Para ele, aparentemente, trata-se de uma evidência sensível, no gênero da simetria que ele gosta de evocar em arquitetura:

> Hallase simetria intelectual entre los cognoscibles objetos, tanto más primorosa que la material entre columnas y acróteras quanto va del objeto del ingenio al de un sentido (p. 1170).

A inteligência, ou antes o *ingenio*, percepciona a simetria entre *objetos*, isto é, os conceitos, tal como a vista perceptiva a simetria entre corpos. É, portanto, uma evidência intuitiva e puramente estética, que não dá lugar ao problema da realidade das coisas e dos relacionamentos que se escondem sob as palavras isoladas ou reunidas. Seria absurdo nesta perspectiva falar de lógica ou de verdade, como o faz Peregrini.

3. Teoria da palavra

O essencial da questão está em que Gracián não distingue, como o faz Peregrini, entre "palavras" e "coisas". Vimos que este último faz a distinção entre *Parole* e *Objetti significati*. A própria definição de "agudeza" nos mostra bem que tal distinção está totalmente ausente do espírito de Gracián.

> Es un acto del entendimiento que exprime la correspondencia que se halla entre los objetos. La misma consonancia o correlación artificiosa exprimida es la sutileza objetiva.

Como já observamos, este texto parece querer dizer que a relação entre as partes de *Agudeza* (e reencontramos aqui a imprecisão vocabular que se manifesta pelo emprego de muitos sinônimos para o mesmo conceito) não é uma criação do discurso, mas existe nos objetos reais, eles mesmos. É preciso compreender que o *acto del entendimiento* percebe e ao mesmo tempo expressa a correspondência dos *objetos* entre si. *Objeto* aqui não significa coisa real, mas toda e qualquer coisa, idéia ou palavra presente ao sujeito. Não há distinção entre palavra, idéia e coisa.

Esta interpretação é confirmada por um texto muito curioso que foi acrescentado na segunda edição da obra:

> La materia es el fundamento del discurrir; ella da pie a la sutileza. Están ya en los objetos mismos las sutilezas objetivas, especialmente los misterios, reparos, crisis, si se obró con ellas; llega y levanta la caza 'el ingenio. Hay unas materias tan copiosas como otras estériles, pero ninguna

lo es tanto que una buena inventiva no halle en que hacer presa, o por conformidad o por desconveniencia, echando sus puntas el careo (p. 513).

A *matéria* aqui se confunde com *los objetos*, e já aparecem as *sutilezas objetivas* (outro sinônimo de *Agudeza*). Basta que o *Ingenio* as procure, o que se faz por meio do *careo*, isto é, pelo processo de confrontação de que já falamos.

Esta expressão *matéria* nos põe em pista diversa da que procuramos, no momento. Convém, no entanto, lembrar que a matéria de que se ocupa um literato do século XVI ou XVII tem, atual ou virtualmente, a forma de texto: para um poeta, é a mitologia e toda a herança literária da Antigüidade; para um pregador, a Bíblia, e de início o texto que lhe serve de *concepto predicable;* mesmo para um botânico (se é possível empregar este termo para a época), são os tratados dos antigos, que recolhem não somente as observações de caráter científico, como também as lendas e mitos em torno dos fatos da natureza[f]. Assim, pois, a "matéria" tinha por ela mesma uma existência verbal, e por isso era possível encontrar nela correspondências entre *términos* ou *extremos*. Basta, por exemplo, a um pregador engenhoso chamar a atenção do auditório para certas coincidências de palavras, ou mesmo de letras, para certos sinônimos e antônimos etc. que se encontram no texto, portanto na matéria: são *objetivas*.

É à luz desta identificação entre palavra e coisa que este gênero de *Agudeza* (que, na segunda edição, é chamada de *Agudeza nominal*) adquire sentido completo. Trata-se "de los conceptos que se sacan del nombre", como diz o título do discurso XXIV da primeira edição. Aí também conseguia-se a *agudeza* por meio do *careo*. O nome, não somente era tomado como um conjunto para ser confrontado com outra "coisa" (como no famoso texto bíblico: "Tu es Petrus et super hanc petram" etc.), mas também analisado em suas partes, relacionadas entre si com palavras exteriores ao conjunto. Um dos primeiros exemplos de *Agudeza*, apresentado na primeira edição, nos mostra este último processo em execução:

> En un medio está mi amor
> Y sabe el
> Que si en medio está el sabor
> En los extremos está la Iel

---

f. Como o observou M. Foucault em *Les Mots et les Choses*.

Fundase en el nombre de Isabel que, dividido, la primera sílaba, que es I, y la última *el,* dicen Iel [= hiel] y en medio queda el *sabe,* y a eso aludió la redondilla, tan ingeniosa cuan poco entendida (p. 236).

O melhor comentário para este exemplo é esta bela observação a respeito da agudeza nominal:

Es hidra bocal una dición, que, a más de su directa significación, si la cortan y trastruecan de cada sílaba renace una prontitud y de cada acento un concepto (p. 1204).

Eis uma definição surpreendente da palavra-coisa. Para empregar a terminologia de Gracián, a palavra é um "objeto", uma "matéria" que contém em seu íntimo *términos* ou *extremos* (no exemplo citado, *I, el* e *sabe*) cuja relação é percebida pelo *Ingenio*. Não se tem aqui um caso excepcional ou extremo, mas antes um desses casos privilegiados que nos permitem apreender a natureza da *Agudeza* segundo Gracián. Pois, no fundo, o nome está na origem de toda *proporção:*

Esta especie de agudeza suele ser origen de las demás, porque, si bien se nota, todas se socorren del nombre: él suele fundar la proporción, ocasionar el reparo y dar pie a la paridad (p. 1204).

Não se poderia estar mais distante de Peregrini que distingue claramente entre Palavra e Coisa, e que só aceita a *acutezza* se ela for "non solo verbale ma reale" (p. 36).

VI. CONCLUSÃO

Na medida em que os podemos analisar com perspectiva, estes dois trabalhos, ainda que próximos pela época, pelo assunto, pela terminologia, nos aparecem como pertencendo a universos culturais diferentes, como expressões de mentalidades diversas. A distância que os separa pode ser comparada à que separa duas camadas geológicas.

Para Peregrini, a Fala é um conjunto de significantes que têm relação precisa com seus significados. Ambos — os significados que são em si mesmos realidades, e os significantes, que não têm realidade autônoma — constituem cadeias paralelas. Esta era a concepção de linguagem que, nos países mais adiantados sob o ponto de vista científico, prevalecia no século XVII. O *Trattato* de Peregrini é, aliás, uma expressão significativa da mentalidade científica do século XVII. Impressiona-nos pelo rigor de expressão (as palavras-chave são empregadas num determinado sentido e sempre o mesmo), pela separação nítida entre o autor e o objeto da análise, e, de maneira geral, pelo encadeamento científico do discurso.

Gracián tem da palavra uma concepção muito diferente. Não existe para ele uma cadeia dupla, mas simples, que é ao mesmo tempo a do discurso e da realidade.

> Mucho promete el nombre, pero no corresponde la realidad de su perfección; quien dice misterio, dice preñez, verdad escondida y recóndita (p. 260).

É, aliás, esta teoria da expressão que Gracián pratica com brilho no seu livro. Em vez de obedecer a uma ordem lógica, seu discurso se desenvolve segundo identidades e oposições de toda espécie, tanto semânticas como fônicas. Emprega numerosos sinônimos para designar um único conceito. De um mesmo fundo as frases se destacam como pontas, cada uma procurando seu lugar ao sol, sem preocupar-se com a vizinha. E no que se refere à doutrina, vemos sucederem-se e entrecruzarem-se critérios de classificação sem que o autor nos advirta das mudanças. No entanto, sob o ponto de vista literário, é um bom exemplo desta *agudeza libre* que o autor nos apresenta no discurso XXXII, e é inútil procurar aí outras coisas.

Já disseram que Peregrini é muito mais aristocrático que Gracián, e isto é incontestável, o que, porém, não quer dizer que Gracián despreze o ensinamento do filósofo, ou prefira outro no que se refere à estética ou à teoria da expressão. Apenas ele não o assimilou da mesma maneira que o fizeram os literatos da "Europa clássica" e isto na medida em que permanece o representante de uma mentalidade que já não era a dominante na França e mesmo na Itália. Dependendo do ponto de vista, ele pode nos aparecer avançado ou atrasado em relação aos aristotélicos do século XVII. Atrasado, se ressaltarmos o fato de não ter sido ainda conquistado por uma mentalidade científica, como era, por exemplo, a de um Peregrini. Adiantado, se nos damos conta de que a teoria da expressão que define a palavra como união de um significante e de um significado que têm entre si uma relação biunívoca, é insuficiente para explicar a literatura, tal como foi posta em prática, muito antes dos simbolistas, pelos escritores ibéricos denominados "barrocos".

Mas este problema ultrapassa o nosso tema.

Notas e referências

1. Neste estudo cito normalmente o texto de Gracián segundo a edição de 1642, publicada em apêndice das *Obras Completas* publicada por Arturo de Hoyo, Aguilar, Madri, 1960. A citação se encontra na página 1165.
2. Ver a introdução de Hoyo, *op. cit.*, p. CLXI, e B. Croce, *op. cit.*, acima.
3. Benedetto Croce, "I trattatisti italiani dello conceptismo e Baltasar Gracián", in *Problemi di Estetica*, 1910, p. 324 e ss.
4. Adolphe Coster, "Baltasar Gracián", *Revue Hispanique*, XXIX, 1913.
5. E. Sarmiento, "Two Criticisms of Gracián's Agudeza", *Hispanic Review*. 1935, p. 23-35. Sarmiento chama a atenção para o fato de que o livro de Peregrini tendo aparecido em abril de 1639 e o de Gracián estando nas mãos dos censores em outubro de 1641, este último teria disposto apenas de alguns meses para ler e imitar o seu predecessor.
6. O Padre Bouhours publica em 1688 *La manière de bien penser dans les ouvrages d'esprit*, cujo assunto, segundo a Advertência, são os "juízos engenhosos" ou "pensamentos em matéria de trabalhos do espírito". Encontra-se nele a cada momento a expressão "pensamento engenhoso". Ataca Gracián a quem se contrapõe, sustentando que "pensamentos engenhosos são como diamantes que devem o seu preço ao fato de terem mais solidez que brilho" (p. 383). Lemos nele, também que "chamamos ditos de espírito o que os italianos chamam *vivezze d'ingegno*" e os espanhóis "agudezas". Este mesmo autor publicou duas antologias referentes a espírito engenhoso: *Pensées ingénieuses des Pères de l'Eglise*, Paris, 1700, e *Pensées ingénieuses des Anciens et des Modernes*, Paris, 1689.
7. P. 360, tradução francesa.
8. Sobre este assunto há muita confusão na exposição de Gracián. Propõe numerosas classificações de que conserva a seguinte para a continuação de sua exposição: Agudeza de *artifício menor*, ou simples; *agudeza de artifício mayor* ou composta. A primeira tem as subdivisões seguintes: 1) ag. *de correlación y conveniencia de un sujeto con otro;* 2) ag. *de ponderación;* 3) ag. *de raciocinación;* 4) ag. *de invención*.

No que se refere à versão de 1642, os 41 primeiros capítulos são consagrados à agudeza simples, e só os 8 últimos capítulos à agudeza composta. Na segunda versão, a de 1648, a segunda parte ou *"tratado II"* da obra se intitula "De la Agudeza compuesta" (cap. 51 a 63). Mas procuramos em vão o "tratado I": não está indicado. Deve ter sido, portanto, no decurso da composição tipográfica da segunda edição que Gracián resolveu dividir o livro em duas partes.

No que se refere à Agudeza simples ou de artifício menor, Gracián anuncia no fim do discurso III que ele vai seguir, nos capítulos seguintes, as quatro subdivisões que acabamos de enunciar, que são "quatro raices y como fuentes". Acho que a razão desta divisão decorre da diferença de complexidade entre as quatro espécies: a *correlación*, sem outras designações, é a mais simples; a seguinte já supõe uma reflexão; a terceira, um raciocínio; a quarta enfim é uma pequena ficção, no gênero das que são estudadas no Discurso XXXVI.

Começamos, de fato, pela primeira espécie. Os discursos IV e V tratam da correspondência, proporção, improporção e dissonância. Em seguida temos dois capítulos sobre *agudeza de misterio y reparo*, o que é a mesma coisa que *ponderación* (é mais um exemplo da abundante sinonímia de Gracián). Espera-se passar daí para a terceira espécie anunciada, a da *raciocinación*. Mas não. Introduz-se um novo "princípio de sutileza" que não tinha sido anunciado oportunamente e que confunde a ordem que se estava seguindo. Trata-se da "semejanza", apresentada como "tercer principio de sutileza". Estamos no Discurso VIII e até o Discurso XVI a *semejanza* ou *dissemejanza*, seja como *apodo* seja como *paridad*, aparece como fonte principal de agudeza.

Na edição de 1648 ainda se justapõe a "transmutación" ou "transposición" que é o tema do discurso VIII desta edição XVI da edição, de 1642. A diferença entre a *semejanza* e a *proporción* é que, segundo o discurso, na *semejanza* o assunto é confrontado com uma *entidad extrinseca*, e na *proporción* com seus *adyuntos*. Mas surpreende-nos tanto mais esta interferência inesperada quanto no fim do discurso V diz-se que a agudeza se reduz à concordância e dissonância: "a que se viene a reducir todo el artificio conceptuoso, porque o comienza o acaba en esta armonía de los objetos correlatos, como se verá en todas las demás especies" (p. 259).

Depois do discurso XVII, tendo tratado da *semejanza*, o autor não retoma o fio interrompido e parece não preocupar-se mais com uma exposição sistemática.

Seria preciso estudar a ordem subterrânea e empírica a que obedece a *Arte de Ingenio;* encontrar-se-iam, então, certamente, muitas construções superpostas, muitas direções esboçadas e sobretudo um talento literário rebelde a qualquer sistematização.

9. Curtius acredita, ao contrário, que Gracián prefere a primeira solução, isto é, *agudeza libre*.

NOTA BIBLIOGRÁFICA SOBRE
OS TEXTOS PUBLICADOS NESTE VOLUME

1. *As quatro fontes do discurso engenhoso nos sermões do Padre Antonio Vieira*. Tradução do original francês *Les quatre sources du discours ingenieux dans les sermons du Père Antonio Vieira*, publicado in *Bulletin des Études Portugaises*, nouvelle série t. 31, 1970.

2. *O pregador, Deus e o seu povo*. Tradução do original francês *Le Prédicateur, Dieu et son peuple*, publicado nos *Travaux de l'Institut d'Études Latino-Americaines de l'Université de Strasbourg (Tilas), Bulletin de la Faculté des Lettres de Strasbourg*, nº 8, 1970.

3. *O discurso engenhoso no Sermão da Sexagésima*, tradução do original francês *Le discours ingenieux, Cours inaugural à l'Université de Amsterdam*, Lisboa, 1971.

4. *O "Conceito" segundo Baltasar Gracián e Matteo Peregrini*, tradução de um original francês inédito.

COLEÇÃO DEBATES

1. *A Personagem de Ficção*, Antonio Candido e outros.
2. *Informação, Linguagem, Comunicação*, Décio Pignatari.
3. *Balanço da Bossa e Outras Bossas*, Augusto de Campos.
4. *Obra Aberta*, Umberto Eco.
5. *Sexo e Temperamento*, Margaret Mead.
6. *Fim do Povo Judeu*, Georges Friedmann.
7. *Texto/Contexto*, Anatol Rosenfeld
8. *O Sentido e a Máscara*, Gerd A. Borheim.
9. *Problemas da Física Moderna*, W. Heisenberg, E. Schrödinger, M. Born e P. Auger.
10. *Distúrbios Emocionais e Anti-Semitismo*, N. W. Ackerman e M. Jahoda.
11. *Barroco Mineiro*, Lourival Gomes Machado.
12. *Kafka: Pró e Contra*, Günther Anders.
13. *Nova História e Novo Mundo*, Frédéric Mauro.
14. *As Estruturas Narrativas*, Tzvetan Todorov.
15. *Sociologia do Esporte*, Georges Magnane.
16. *A Arte no Horizonte do Provável*, Haroldo de Campos.
17. *O Dorso do Tigre*, Benedito Nunes.

18. *Quadro da Arquitetura no Brasil*, Nestor G. Reis Filho.
19. *Apocalípticos e Integrados*, Umberto Eco.
20. *Babel & Antibabel*, Paulo Rónai.
21. *Planejamento no Brasil*, Betty Mindlin Lafer.
22. *Lingüística, Poética, Cinema*, Roman Jakobson.
23. *LSD*, John Cashman.
24. *Crítica e Verdade*, Roland Barthes.
25. *Raça e Ciência I*, Juan Comas e outros.
26. *Shazan!*, Álvaro de Moya.
27. *Artes Plásticas na Semana de 22*, Aracy Amaral.
28. *História e Ideologia*, Francisco Iglésias.
29. *Peru: da Oligarquia Econômica à Militar*, A. Pedroso d'Horta.
30. *Pequena Estética*, Max Bense.
31. *O Socialismo Utópico*, Martin Buber.
32. *A Tragédia Grega*, Albin Lesky.
33. *Filosofia em Nova Chave*, Susanne K. Langer.
34. *Tradição, Ciência do Povo*, Luís da Câmara Cascudo.
35. *O Lúdico e as Projeções do Mundo Barroco*, Affonso Ávila.
36. *Sartre*, Gerd A. Borheim.
37. *Planejamento Urbano*, Le Corbusier.
38. *A Religião e o Surgimento do Capitalismo*, R. H. Tawney.
39. *A Poética de Maiakóvski*, Boris Schnaiderman.
40. *O Visível e o Invisível*, M. Merleau-Ponty.
41. *A Multidão Solitária*, David Riesman.
42. *Maiakóvski e o Teatro de Vanguarda*, A. M. Ripellino.
43. *A Grande Esperança do Século XX*, J. Fourastié.
44. *Contracomunicação*, Décio Pignatari.
45. *Unissexo*, Charles F. Winick.
46. *A Arte de Agora, Agora*, Herbert Read.
47. *Bauhaus: Novarquitetura*, Walter Gropius.
48. *Signos em Rotação*, Octavio Paz.
49. *A Escritura e a Diferença*, Jacques Derrida.
50. *Linguagem e Mito*, Ernst Cassirer.
51. *As Formas do Falso*, Walnice N. Galvão.
52. *Mito e Realidade*, Mircea Eliade.
53. *O Trabalho em Migalhas*, Georges Friedmann.
54. *A Significação no Cinema*, Christian Metz.
55. *A Música Hoje*, Pierre Boulez.
56. *Raça e Ciência II*, L. C. Dunn e outros.
57. *Figuras*, Gérard Genette.
58. *Rumos de uma Cultura Tecnológica*, Abraham Moles.
59. *A Linguagem do Espaço e do Tempo*, Hugh M. Lacey.
60. *Formalismo e Futurismo*, Krystyna Pomorska.
61. *O Crisântemo e a Espada*, Ruth Benedict.
62. *Estética e História*, Bernard Berenson.
63. *Morada Paulista*, Luís Saia.
64. *Entre o Passado e o Futuro*, Hannah Arendt.
65. *Política Científica*, Heitor G. de Souza, Darcy F. de Almeida e Carlos Costa Ribeiro.

66. *A Noite da Madrinha*, Sergio Miceli.
67. *1822: Dimensões*, Carlos Guilherme Mota e outros.
68. *O Kitsch*, Abraham Moles.
69. *Estética e Filosofia*, Mikel Dufrenne.
70. *O Sistema dos Objetos*, Jean Baudrillard.
71. *A Arte na Era da Máquina*, Maxwell Fry.
72. *Teoria e Realidade*, Mario Bunge.
73. *A Nova Arte*, Gregory Battcock.
74. *O Cartaz*, Abraham Moles.
75. *A Prova de Gödel*, Ernest Nagel e James R. Newman.
76. *Psiquiatria e Antipsiquiatria*, David Cooper.
77. *A Caminho da Cidade*, Eunice Ribeiro Durhan.
78. *O Escorpião Encalacrado*, Davi Arrigucci Júnior.
79. *O Caminho Crítico*, Northrop Frye.
80. *Economia Colonial*, J. R. Amaral Lapa.
81. *Falência da Crítica*, Leyla Perrone Moisés.
82. *Lazer e Cultura Popular*, Joffre Dumazedier.
83. *Os Signos e a Crítica*, Cesare Segre.
84. *Introdução à Semanálise*, Julia Kristeva.
85. *Crises da República*, Hannah Arendt.
86. *Fórmula e Fábula*, Willi Bolle.
87. *Saída, Voz e Lealdade*, Albert Hirschman.
88. *Repensando a Antropologia*, E. R. Leach.
89. *Fenomenologia e Estruturalismo*, Andrea Bonomi.
90. *Limites do Crescimento*, Donella H. Meadows e outros (Clube de Roma).
91. *Manicômios, Prisões e Conventos*, Erving Goffman.
92. *Maneirismo: O Mundo como Labirinto*, Gustav R. Hocke.
93. *Semiótica e Literatura*, Décio Pignatari.
94. *Cozinhas, etc.*, Carlos A. C. Lemos.
95. *As Religiões dos Oprimidos*, Vittorio Lanternari.
96. *Os Três Estabelecimentos Humanos*, Le Corbusier.
97. *As Palavras sob as Palavras*, Jean Starobinski.
98. *Introdução à Literatura Fantástica*, Tzvetan Todorov.
99. *Significado nas Artes Visuais*, Erwin Panofsky.
100. *Vila Rica*, Sylvio de Vasconcellos.
101. *Tributação Indireta nas Economias em Desenvolvimento*, J. F. Due.
102. *Metáfora e Montagem*, Modesto Carone.
103. *Repertório*, Michel Butor.
104. *Valise de Cronópio*, Julio Cortázar.
105. *A Metáfora Crítica*, João Alexandre Barbosa.
106. *Mundo, Homem, Arte em Crise*, Mário Pedrosa.
107. *Ensaios Críticos e Filosóficos*, Ramón Xirau.
108. *Do Brasil à América*, Frédéric Mauro.
109. *O Jazz, do Rag ao Rock*, Joachim E. Berendt.
110. *Etc..., Etc...*, *(Um Livro 100% Brasileiro)*, Blaise Cendrars.
111. *Território da Arquitetura*, Vittorio Gregotti.
112. *A Crise Mundial da Educação*, Philip H. Coombs.
113. *Teoria e Projeto na Primeira Era da Máquina*, Reyner Banham.

114. *O Substantivo e o Adjetivo*, Jorge Wilheim.
115. *A Estrutura das Revoluções Científicas*, Thomas S. Kuhn.
116. *A Bela Época do Cinema Brasileiro*, Vicente de Paula Araújo.
117. *Crise Regional e Planejamento*, Amélia Cohn.
118. *O Sistema Político Brasileiro*, Celso Lafer.
119. *Êxtase Religioso*, I. Lewis.
120. *Pureza e Perigo*, Mary Douglas.
121. *História, Corpo do Tempo*, José Honório Rodrigues.
122. *Escrito sobre um Corpo*, Severo Sarduy.
123. *Linguagem e Cinema*, Christian Metz.
124. *O Discurso Engenhoso*, Antonio José Saraiva.
125. *Psicanalisar*, Serge Leclaire.
126. *Magistrados e Feiticeiros na França do Século XVII*, R. Mandrou.
127. *O Teatro e sua Realidade*, Bernard Dort.
128. *A Cabala e seu Simbolismo*, Gershom G. Scholem.
129. *Sintaxe e Semântica na Gramática Transformacional*, A. Bonomi e G. Usberti.
130. *Conjunções e Disjunções*, Octavio Paz.
131. *Escritos sobre a História*, Fernand Braudel.
132. *Escritos*, Jacques Lacan.
133. *De Anita ao Museu*, Paulo Mendes de Almeida.
134. *A Operação do Texto*, Haroldo de Campos.
135. *Arquitetura, Industrialização e Desenvolvimento*, Paulo J. V. Bruna.
136. *Poesia-Experiência*, Mário Faustino.
137. *Os Novos Realistas*, Pierre Restany.
138. *Semiologia do Teatro*, J. Guinsburg e J. Teixeira Coelho Netto.
139. *Arte-Educação no Brasil*, Ana Mae T. B. Barbosa.
140. *Borges: Uma Poética da Leitura*, Emir Rodríguez Monegal.
141. *O Fim de uma Tradição*, Robert W. Shirley.
142. *Sétima Arte: Um Culto Moderno*, Ismail Xavier.
143. *A Estética do Objetivo*, Aldo Tagliaferri.
144. *A Construção do Sentido na Arquitetura*, J. Teixeira Coelho Netto.
145. *A Gramática do Decamerão*, Tzvetan Todorov.
146. *Escravidão, Reforma e Imperialismo*, R. Graham.
147. *História do Surrealismo*, M. Nadeau.
148. *Poder e Legitimidade*, José Eduardo Faria.
149. *Práxis do Cinema*, Noel Burch.
150. *As Estruturas e o Tempo*, Cesare Segre.
151. *A Poética do Silêncio*, Modesto Carone.
152. *Planejamento e Bem-Estar Social*, Henrique Rattner.
153. *Teatro Moderno*, Anatol Rosenfeld.
154. *Desenvolvimento e Construção Nacional*, S. N. Eisenstadt.
155. *Uma Literatura nos Trópicos*, Silviano Santiago.
156. *Cobra de Vidro*, Sérgio Buarque de Holanda.